O CINEMA PENSA OS NEGÓCIOS E OS NEGÓCIOS O CINEMA

Cinema, educação em negócios e pensamento crítico

SUMÁRIO

OS AUTORES

Francisco José da Costa
Doutor em Administração pela FGV/SP (Fundação Getúlio Vargas – SP)
Professor Efetivo da Universidade Federal da Paraíba - UFPB
http://lattes.cnpq.br/8038204590897494

Roberto Rodrigues Ramos
Doutorando em Administração pela UFPB (Univ. Federal da Paraíba)
Professor Efetivo da Universidade Federal do Cariri - UFCA
http://lattes.cnpq.br/9737254111370617

Amanda Cristina Medeiros
Doutora em Administração pela EBAPE/FGV-RJ (Escola Brasileira de
Administração Pública e de Empresas da Fundação Getúlio Vargas/RJ)
Professora efetiva da EBAPE/FGV
http://lattes.cnpq.br/5179697523724373

Anderson Queiroz Lemos
Doutor em Administração pela FGV/SP (Fundação Getúlio Vargas/SP)
Professor Efetivo da Universidade Federal de Goiás - UFG
http://lattes.cnpq.br/5804708121634489

Davi Montefusco de Oliveira
Mestre em Administração pela UECE (Universidade Estadual do Ceará)
Consultor Organizacional de Empresas.
http://lattes.cnpq.br/3209524405867940

Elias Pereira Lopes Junior
Doutor em Administração pela FGV/SP (Fundação Getúlio Vargas/SP)
Professor Efetivo da Universidade Federal do Cariri - UFCA
http://lattes.cnpq.br/2819565797648735

Flávia Plutarco Lopes dos Santos
Doutora em Administração pela FGV/SP (Fundação Getúlio Vargas/SP)
Professora Efetiva do Instituto Federal do Ceará - IFCE
http://lattes.cnpq.br/5123210498710083

Ingrid Mazza Matos Ramos
Doutoranda em Desenvolvimento pela UnB (Universidade de Brasília)
Professora Efetiva da Universidade Federal do Cariri - UFCA
http://lattes.cnpq.br/7843492653468102

Jeová Torres Silva Jr.

Doutor em Administração pela UFBA (Universidade Federal da Bahia)
Professor Efetivo da Universidade Federal do Cariri - UFCA
http://lattes.cnpq.br/8240104026100491

Leonel Gois Lima Oliveira
Técnico Judiciário do Tribunal de Justiça do Estado do Ceará (TJCE).
Doutor em Administração pela EBAPE/FGV-RJ (Escola Brasileira de
Administração Pública e de Empresas da Fundação Getúlio Vargas/RJ)
http://lattes.cnpq.br/4675072667161383

Marcos Macri Olivera
Mestre em Eng. da Produção pela UFPB (Univ. Federal da Paraíba)
Professor Efetivo da Universidade Federal de Campina Grande (UFCG)
http://lattes.cnpq.br/6161476125979644

Rebeca da Rocha Grangeiro
Doutora em Psicologia pela UFBA (Universidade Federal da Bahia)
Professor Efetivo da Universidade Federal do Cariri – UFCA
http://lattes.cnpq.br/3232107743426680

Renata Gradvohl
Mestra em Administração pela UECE (Universidade Estadual do Ceará)
http://lattes.cnpq.br/2690613323176126

Rodolfo Jakov Saraiva-Lobo
Doutor em Administração pela FGV/SP (Fundação Getúlio Vargas/SP)
Professor Efetivo da Universidade Federal do Cariri - UFCA
http://lattes.cnpq.br/7380885441475769

Rosivaldo de Lima Lucena
Doutor em Administração pela UFPE (Univ. Federal de Pernambuco)
Professor Efetivo da Universidade Federal da Paraíba - UFPB
http://lattes.cnpq.br/9859936956709395

Themisa Araújo Barroso Pimentel
Graduada em Administração pela Universidade Federal do Ceará
http://lattes.cnpq.br/9197330697216094

Capítulo 1 – Cinema, educação em negócios e pensamento crítico

Francisco José da Costa

O cinema tem uma relação indissociável com a vida das pessoas, na medida em que reflete a vida (passada, presente ou futura), e também na medida em que está integrado à vida, não apenas de atores e atrizes ou dos agentes produtores do cinema, mas também no dia-a-dia das pessoas comuns que tem no cinema uma das melhores alternativas de lazer e de vivência da experiência ficcional. Basta ver os números da indústria da exibição cinematográfica para se ter segurança de o quanto o cinema atrai as pessoas, isto sem contar com as exibições diárias nos meios de televisão (quando escrevo estas páginas, a empresa de canais por assinatura Sky tinha cerca de 20 canais 24h dedicados à exibição de filmes).

Em outras palavras, nós vivemos com o cinema, que reflete e retrata nossa vida e ora nos faz pensar sobre o universo que nos envolve, ora nos alerta para o que devemos fazer, ou deixar de fazer, e ora simplesmente nos ocupa o tempo, de uma forma prazerosa e emocionante.

E se é assim, não é difícil compreender o uso potencial do cinema na transmissão de mensagens, pontos de vista e de ideologias. Com efeito, não se acredita na isenção de qualquer produção humana, especialmente em um modelo de sociedade constantemente em conflito de interesses como é o atual. No cinema não poderia ser diferente. Seja para exaltação de um modelo, movimento ou mesmo pessoa, seja para deterioração ou simplesmente para construção de antíteses, a capacidade do cinema de ilustrar e construir a realidade humana e social é um de seus pontos fortes enquanto propulsor de uma reflexão sobre o real.

Se ao longo do livro encaminhamos um esforço de análise da obra cinematográfica, mais focado em filmes específicos e com uma atenção dirigida à análise organizacional e com ênfase gerencial, neste capítulo o nosso propósito é discutir alguns fundamentos da reflexão sobre e a partir do cinema, mantendo o interesse neste objetivo, e conduzindo aos poucos para o segundo foco do livro, que é direcionar as análises das obras para um contexto educacional e de formação gerencial. A nossa ideia é, portanto, refletir sobre o cinema e ao mesmo tempo oferecer as bases para uma melhor apropriação dos leitores do conteúdo dos capítulos subseqüentes.

1.1. O cinema que retrata a realidade

Um dos temas recorrentemente tratados no cinema é a realidade social passada e presente, e ainda o contexto mais específico da realidade organizacional. Neste intento, os filmes têm a enorme vantagem de ilustrar o universo das organizações a partir de um conjunto de meios, tais como imagem, música, enredo..., permitindo e potencializando a compreensão de realidades bem específicas. A nossa suposição é de que a imagem e os recursos próprios do cinema têm um potencial extraordinário de comunicação (basta ver os filmes que retratam as guerras para se compreender por que, de fato, uma imagem pode valer muito mais que um longo discurso de descrição).

Como mostram diversos pensadores da arena sociológica e gerencial, um dos fenômenos sociais que mais marcaram a sociedade nos últimos dois séculos foi o surgimento e a fixação da organização como unidade social de base, inicialmente para atividades produtivas, e posteriormente para a própria configuração do universo cotidiano das pessoas. Conforme propõe Charles Perrow (1991), o advento e a consolidação das grandes organizações, especialmente aquelas baseadas no modelo burocrático, ocorreu no início do século XIX, e ganhou uma solidez tal que nas décadas seguintes o modelo organizacional somente progrediu vindo a fixar o que ficou conhecido como a sociedade das organizações[1].

Embora Perrow não dê os devidos créditos ao pensamento gerencial na consolidação da organização como unidade social de maior relevância, Peter Drucker, ao longo de toda sua obra, e em especial em seu livro Sociedade pós-capitalista (DRUCKER, 1999), mostra que a consolidação da sociedade das organizações foi possível graças aos estudos e propostas dos primeiros pensadores da administração, em especial de Frederick Taylor e de Henry Fayol, no início do século XX. O princípio básico foi o da eficiência, que norteava, e que ainda norteia, toda a ação gerencial nas organizações.

Apesar das más interpretações que são feitas sobre estes pensadores, em especial sobre Taylor, foram seus trabalhos que deram o passo inicial para a consolidação do atual campo acadêmico da administração e de fato viabilizaram condições para um modelo de organização sustentável, e, por conseqüência, de um modelo de sociedade melhor. Decorrente destas críticas temos uma das primeiras e principais obras cinematográficas que discute o universo gerencial e organizacional em uma perspectiva crítica, que foi a obra *Tempos modernos*, dirigida e protagonizada pelo cineasta britânico Charles Chaplin, ainda no ano de 1936.

Este filme (*Tempos modernos*) é de conhecimento quase generalizado dos estudantes ou profissionais que passaram por cursos de bacharelado em administração, sendo quase obrigatória sua exposição nas

---

[1] Para maiores detalhes desta discussão, recomendo especialmente a leitura de Hall (2004).

disciplinas de teorias da administração ou nas disciplinas associadas ao estudo do trabalho. A visão crítica do filme, opção do diretor para ilustrar os efeitos sobre as pessoas do processo geral de maquinização que se construiu com o advento da linha de montagem, já sinaliza um uso potencial do cinema enquanto forma de reflexão sobre os pontos falhos das teorias organizacionais e das práticas gerenciais, seguramente muito mais impactante em termos de aprendizado do que a exposição dos manuais de Teoria geral da administração que realizam, ao final das longas apresentações e caracterizações, a dita apreciação crítica das propostas e teóricos.

O uso quase generalizado desta obra dá uma indicação do potencial que o cinema tem de facilitar o aprendizado em administração, mostrando que os filmes são fontes de debates e meios que facilitam o aprofundamento dos temas de ensino. Mas é bom deixar sinalizado que este não é o caso exclusivo da administração como área acadêmica[2].

Até pelo contrário, as áreas de sociologia, história e filosofia, têm no cinema fontes extraordinárias de debate e ilustração temática (basta ver os filmes históricos, por exemplo). Não é sem razão que existem já livros escritos, com propósitos semelhantes ao deste, como por exemplo, obras direcionadas a analisar temas da fundamentos da filosofia (CABRERA, 2006), ou da história da ciência (OLIVEIRA, 2005) (isto sem falar em inúmeros artigos publicados em periódicos ou na internet; basta uma rápida prospecção em qualquer site de buscas para observar os milhares de textos deste gênero disponíveis).

1.2. O filme como recurso didático

O sentido educacional do uso do filme como recurso didático é facilmente justificável, considerando em primeiro lugar a boa receptividade que tem a ideia de diversidade de recursos, e o próprio valor deste recurso como potencializador do aprendizado.

Como sabemos, nas atividades de formação usamos recorrentemente recursos como textos, livros, casos, músicas, fotografias etc., que se complementam na busca da finalidade última do processo didático que é a geração de um aprendizado consistente. Em complemento com a fotografia, o cinema traz (ou leva) para a sala de aula a imagem, mas uma imagem em movimento, ilustrando uma realidade ficcionalizada, mas normalmente em consonância com um propósito comunicativo bem construído (basta ver a força da mensagem crítica do filme *Tempos*

---

[2] A referência a *Tempos modernos* advém do extenso uso deste de filme, porém há diversos outros exemplos de filme já relatados como de uso eficaz na formação em Administração. Recomendo a verificação do livro organizado por Davel, Vergara e Ghandiri (2007), que apresentam 10 capítulos que ilustram filmes utilizados em atividades de educação em administração.

modernos, acima citado).

Devo destacar que estas ideias não são meramente discurso de entusiasmo passageiro. Em verdade, estudos empíricos vêm repetidamente demonstrando o valor do cinema na geração de uma experiência cognitiva e afetiva, que gera resultados reais em termos de aprendizado. Segundo apontou um levantamento de Joseph Champoux (1999; ver também DAVEL; VERGARA; GHANDIRI, 2007), alguns estudos mostram que os estudantes gostam muito quando são utilizados filmes nas aulas, e que estes avaliam melhor a disciplina e o professor que faz uso racional destes recursos. Também existem sinalizações de que o os filmes têm o potencial de gerar efeitos positivos na dinâmica da aula e nas discussões subseqüentes, e facilita a construção de atitudes críticas sobre determinados temas (este é nosso enfoque neste livro).

Além destas observações, e baseado na análise de Joseph Champoux, é possível ainda apontar diversas outras vantagens da obra cinematográfica como ferramenta didática na formação em geral, e em administração em particular. Aponto a seguir estas vantagens:

- Familiaridade: primeiramente, o filme é algo de conhecimento generalizado, ou seja, todos os estudantes provavelmente já assistiram a diversos filmes;
- Fácil acesso e baixo custo: o direito sobre um filme ou sobre sua exibição é algo bastante caro, porém a grande maioria dos filmes usados ou com potencial de utilização em sala de aula, podem ser facilmente encontrados em locadoras ou bancas de revistas, por preços bastante acessíveis. A depender da instituição, é possível também encontrar videotecas com direito e contexto próprio de exibição;
- Experiência agradável: ainda que haja pessoas que não gostam de assistir filmes, a grande maioria das pessoas sente um prazer especial nesta atividade;
- Diversidade de usos: o filme é em si um universo de possibilidades de temas e ideias para debate e reflexão (ver item 1.3).

Mas é necessário reconhecer que o uso do filme como recurso didático tem também algumas limitações que podem eventualmente desestimular e desaconselhar seu uso. As mais destacadas são

- O problema do direito de exibição (*copyright*): salvo nos casos de compra do direito pela instituição de ensino ou de concessão especial dos proprietários do direito autoral, é proibida a exibição de filmes em público quando estes são comprados para audiência individual/familiar ou alugados em alguma locadora. Isto conduz os professores a solicitarem aos estudantes que assistam o filme privativamente, e depois venham às aulas para debater o conteúdo.

Naturalmente, perde-se aí muito do benefício da discussão subse-qüente à exibição, ou mesmo a oportunidade de repassar pequenos trechos do filme, além de haver o risco de o estudante vir para a sa-la de aula sem ter efetivamente assistido ao filme;

- Passagens impróprias: um aspecto limitante do uso de diversos fil-mes consiste em algumas passagens que envolvem cenas delicadas. Cenas de sexo, por exemplo, limitam a possibilidade de apresenta-ção do filme em sala de aula, especialmente em turmas mais imatu-ras; o mesmo ocorre com cenas de violência, de agressão... Também algumas expressões de linguagem que são comuns em filmes po-dem ser problemáticas quando expostas em um ambiente de pro-pósito educativo como uma sala de aula;

- Perda de foco: associado à desvantagem anterior, temos a possibili-dade de termos filmes que não são, em seu todo, do interesse do propósito educativo. Em *Tempos modernos*, citado acima, somente os primeiros 50 minutos do filme são ilustrativos das questões as-sociadas às teorias clássicas da administração. Embora seja possível o uso do filme somente com a exposição de algumas passagens, é possível compreender que é mais interessante uma exibição e acompanhamento da obra completa (cf. item 1.4);

- As legendas: a grande maioria dos filmes, e infelizmente aqueles de melhor qualidade, são produzidos em língua inglesa, o que obriga, na maioria das vezes, o uso das legendas, quando não existem ver-sões dubladas. Embora haja pessoas que gostam de assistir aos fil-mes acompanhando as legendas, creio que a grande maioria das pessoas não compartilha este sentimento. Isto também implica que, no caso de exibição na instituição, haja recursos que ampliem o ta-manho das legendas para facilitar o acompanhamento pelos alunos, o que provoca custos adicionais com telões, equipamentos especiais de exibição... (muitas instituições não têm disposição para investir nestes recursos, limitando-se à disponibilização de televisores);

- Problemas de tradução e desajuste ideológico: a opção das legendas e da dublagem não resolve de todo o problema de linguagem e de tradução dos filmes de outras línguas. Adicionalmente, qualquer filme, por mais realista que se proponha a ser, é sempre ficção e é sempre editado por alguém que deseja construir uma mensagem. Isto pode provocar eventualmente desconforto (conheço pessoas que não assistem a filmes americanos por questões ideológicas);

- Demanda de tempo do professor: esta é uma realidade inconveni-ente, mas é fato que, para o professor, a utilização do filme em suas aulas acaba provocando uma demanda de tempo adicional de assis-tir o filme, produzir uma nota de aula, definir uma seqüência de ce-nas etc. (destaco que este livro ajuda a minimizar este problema, com uma análise de cada filme e com a proposição de uma nota de aula).

A despeito das limitações, que, como observado, podem realmente apresentar dificuldades quanto ao uso do recurso, é evidente que as vantagens se sobressaem. Com efeito, o filme comunica e complementa bem os propósitos comunicados pelos professores, inclusive viabilizando a exposição mais clara, a partir dos recursos disponíveis na técnica cinematográfica, de conceitos abstratos modelos, esquemas, teorias. Nos itens seguintes apresento maiores detalhes sobre as funções de um filme, e como um filme pode ser utilizado em sala de aula.

1.3. Funções do filme

Neste item aponto algumas das funções que um filme pode representar quando é utilizado na forma de recurso didático em sala de aula, mantendo um foco mais específico nos usos potenciais de cursos de administração[3].

- O filme como caso:

Uma primeira função que um filme pode ter como recurso didático é a possibilidade deste ser um caso de debate. Como sabemos, em administração são comuns os casos como recurso didático. Casos são simplesmente histórias contadas com diversas questões deixadas em aberto, e com diversas decisões passíveis de debate em sala de aula[4].

Assim, como ocorre com os textos, os filmes podem muito bem serem casos, e apresentar propósitos semelhantes. Isto é facilmente observável nos filmes que retratam querelas jurídicas e que servem de caso para debate em cursos de direito (por exemplo, o filme *Anatomia de um crime*). Para o caso da administração, basta lembrar do filme *O que você faria* (tratado em um dos capítulos deste livro), no qual se retrata um processo seletivo; é um belo caso para análises em disciplinas de ética nos negócios ou gestão de recursos humanos.

- O filme como metáfora:

Mesmo sendo ficção, o filme expressa na maioria das vezes realidades, que, embora sejam realidades editadas para se adaptar ao que é

---

[3] É relevante destacar que o cinema tem muito mais funções do que estas aqui debatidas, como por exemplo, a função panfletária (como os filmes de propaganda comunista), a função de reconhecimento (como os filmes de biografias de grandes personalidades...) etc. Aqui, nos limitamos àquelas funções de maior interesse para as atividades educacionais em administração.
[4] Para os interessados em uma teorização sobre casos de para ensino, recomendo a leitura de Fachin, Tanure e Duarte (2007) e de Ellet (2008).

realidade na mente ou no interesse dos diretores ou de seus chefes, serão sempre formas válidas de manifestação. Em boa parte das vezes, os recursos ilustrativos e metafóricos de um filme são muito superiores a qualquer discurso, descrição, ou mesmo de livros inteiros. Em outras palavras, os filmes trazem metáforas potenciais de diversas das situações, visões e comparações de pontos de vistas ou de situações.

Como metáfora, o cinema tem larga aplicação na formação em administração, com a ilustração de temas de interesse de professores. São comuns as metáforas de estilos de liderança (ver episódios do seriado *Numb3rs*), metáforas sobre estilo ético de algumas indústrias e profissionais (ver o capítulo sobre o filme *Syriana*), dentre outras possibilidades.

É interessante ressaltar a possibilidade de a metáfora ser seguida como estratégia de construção da mensagem do próprio filme, o que amplia as possibilidades de reflexão e de visualização da realidade. Um dos melhores exemplos deste caso é o filme *Quanto vale ou é por quilo* (que está em um dos capítulos deste livro), que trata das ONGs traçando um paralelo metafórico com a realidade da época da escravatura no Brasil.

- Filme como experiência:

O cinema tem a possibilidade de ilustrar modos de vida, de tradições culturais, de estruturas econômicas, e de formas de pensamento diversificados, possibilitando ao expectador a 'vivência' (ficcional, mas ancorada no real) de realidades distantes da sua.

Por exemplo, o cinema permite conhecer a realidade vivenciada em um dado período histórico (e. g. *Tempos modernos*), de um dado contexto de trabalho (e. g. *O que você faria?*), de um setor ou indústria (e. g. *The corporation*), da realidade econômica de uma região (e. g. *Diamante de sangue, O jardineiro fiel*). Na ilustração da cultura dos povos, temos vários exemplos, como os filmes que retratam a cultura árabe (e. g. *Syriana*), a cultura africana (e. g. *Hotel Ruanda*), a cultura americana (e. g. *Obrigado por fumar*, que expõe ainda a cultura e as relações de negócios das indústrias do tabaco, do cinema e da propaganda), a cultura hispânica (e. g. *O que você faria?*), dentre outros.

- Outras funções:

O filme também pode ter a função de expressar uma ironia a respeito de alguma prática, atividade, indústria, ou mesmo corrente de pensamento. Foi por seu propósito de ironizar a linha de montagem que *Tempos modernos* se notabilizou como uma obra de arte que ao mesmo tempo diverte, critica e ensina. Mais recentemente, temos na obra *Obrigado por fumar* uma verdadeira sátira à indústria da morte (cigarro, armas e bebidas), e ainda à própria atividade de lobby, como indicações de razões que justificam a interpretação de ser esta uma atividade inescrupulosa (neste filme o expectador é convidado a rever posições sobre a indústria, mas a partir de uma abordagem cômica e irônica).

Também temos no filme uma função de avaliação de iniciativas, com ilustrações possíveis de problemas ou de méritos devidos. Aqui podemos citar o filme brasileiro *Mauá, o imperador e o rei,* que narra a história vitoriosa, porém extremamente árdua do Barão de Mauá, reconhecido como o grande empresário brasileiro da época do império.

Em uma perspectiva mais operacional em termos didáticos, temos nos filmes a função de desencadear atividades em grupo. Isto ocorre quando o filme, ou partes deste, é usado como ponto de partida para o desenvolvimento de ações de interesse do processo didático. Por exemplo, tenho referência de professores que usam os filmes de animação Scooby Doo (que são quase sempre filmes de curta metragem) como ponto de partida para discussão sobre o processo de pesquisa científica.

Figura 1.1 – Funções do filme

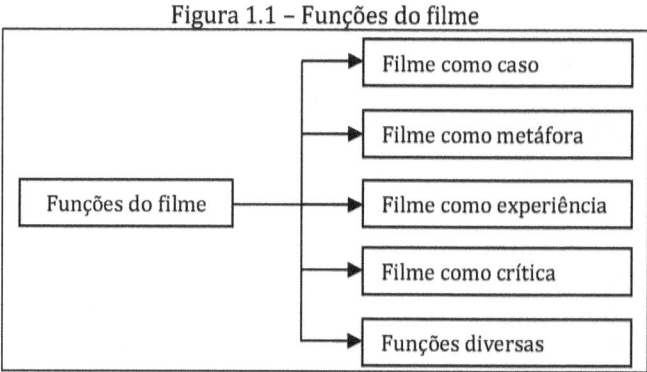

Uma última função de destaque dos filmes em educação em administração é a possibilidade que estes têm de desenvolver uma visão crítica da realidade de determinadas indústrias, empresas, ideias ou prática gerenciais. Este é o foco deste livro, e, por esta razão, optei por debater mais extensamente este aspecto em um item em separado (cf. item 1.5). A figura 1.1 apresenta uma visão geral das funções do filme aqui debatidas.

1.4. Como usar um filme

O filme como recurso didático tem, além das vantagens já relatadas, a característica de flexibilidade em termos de possibilidades de uso. Aqui trataremos das possibilidades de exploração, considerando as alternativas de exibição e a exploração dos recursos técnicos associados ao filme, além das dinâmicas de aplicação nas atividades de aula.

Em relação ao primeiro aspecto do uso do filme (alternativas de exibição), temos a possibilidade de expor ou de solicitar aos estudantes que o filme seja visto em sua íntegra, e ainda a possibilidade de exposição do filme somente de forma parcial. Naturalmente, a exposição do filme completo tem a vantagem de oferecer ao estudante a experiência completa da película, ou seja, dá a possibilidade de ver o filme do início ao fim, reconhecendo e vivenciando a história ou o relato inteiro. Por outro lado, a exposição completa pode ter limitações, em especial de tempo, e de foco de interesse no filme.

Quanto ao tempo, o problema é mais sério se o filme tiver que ser exposto em sala de aula, uma vez que a grande maioria das aulas nas instituições de ensino contém ou uma ou duas horas-aula seguidas (ou seja, de 50 ou 100 minutos), ao passo que os filmes de longa metragem costumam ter cerca de duas horas (120 minutos) de duração (naturalmente podemos ter esta dificuldade para as longas metragens, porém nos filmes de curta metragem ou documentários curtos não há empecilho de tempo).

A insistência de uma exposição do filme longa metragem completo em sala, pode provocar problemas porque o professor ou solicitará ao aluno que chegue antes, ou que saia depois do tempo de aula, podendo ainda ocupar tempo de outros professores. Qualquer das opções é delicada e deve ser evitada. Uma solução parcial para este problema é solicitar que o filme seja visto antes pelos estudantes, o que pode provocar dificuldades de outra natureza (como comentado acima). Uma segunda alternativa seria desenvolver ações paralelas às disciplinas, com o uso de um tempo fora de sala (como os dias de sábado, por exemplo), porém isto obrigaria os estudantes a usarem um tempo extra além daquele que são obrigados a manter presença em sala (experiências mostram que esta alternativa apresenta sempre um número elevado de alunos faltosos)[5].

Em relação ao segundo problema da exibição integral do filme (problemas de foco do conteúdo), esta representa, de fato, uma limitação difícil de ser solucionada, uma vez que, normalmente, o filme não foi construído com uma finalidade educativa ou direcionado ao uso em sala de aula; isto implica no fato de que muitas cenas e trechos são simplesmente inúteis aos propósitos do professor ou da disciplina. Uma forma de minimizar este problema é buscar explorar ao máximo o conteúdo do filme, ou, o que é mais conveniente, solicitar aos alunos que vejam o filme antes.

Para qualquer das duas situações apresentadas acima, uma solu-

---

[5] Ainda associado ao tempo, mas o que considero uma dificuldade menor, são possíveis acusações de alguns estudantes alegando que os professores usam inadequadamente o tempo com a exibição de um filme, quando deveriam estar ministrando aula efetivamente)

ção alternativa consiste na exposição de apenas trechos do filme, com ênfase em pontos específicos. Temos nesta opção as vantagens de uma exploração mais focada dos recursos que o filme possui enquanto uma obra cinematográfica. Por exemplo, é possível explorar mais detidamente os closes, as seqüências de cenas, as variações de imagens, a concentração de foco das tiradas mais longas que ilustram visões específicas, inclusive por meio de repetições de partes se forem realmente necessárias.

Obviamente, o uso de trechos do filme traz a desvantagem de uma exposição aos pedaços, que inviabiliza uma visão integrada da obra e a perda da oportunidade da vivência da experiência completa do filme. Também aqui o filme se limitaria a um recurso secundário, se aproximando de outras referências de materiais visuais, como fotografias, slides, gráficos..., desconfigurando a condição e a potencialidade do filme como o recurso que traz em si uma experiência artística, hedônica e de aprendizado.

Em relação às dinâmicas de aplicação nas atividades de aula, temos diversas possibilidades, conforme apontado a seguir:

- primeiro, podemos solicitar que o filme seja visto antes de qualquer atividade, mas sempre com uma rápida introdução temática. Neste caso, é recomendável que sejam desenvolvidas algumas questões associadas ao tema do filme e ao conteúdo da aula, com a solicitação, em seguida, de que o filme seja visto (seja na exibição em sala, seja solicitando que os estudantes vejam o filme fora de sala). Depois que o filme é assistido, são então desenvolvidas as atividades didáticas relacionadas, tais como resumo, debate das questões associadas ao conteúdo que estão presentes no filme, e, por fim atividades de grupo (que não são obrigatórias, mas são sempre recomendadas);

- Uma segunda opção consiste em uma variação da primeira, mas com a inclusão de cenas e trechos selecionados do filme depois da exibição completa e durante a discussão, como forma de reforçar temas específicos e desencadear o debate em grupo;

- Uma terceira opção consiste em iniciar o debate sobre o conteúdo da disciplina, e mesclar o debate com passagens selecionadas, tantas quanto foram necessárias para reforçar ideias e desencadear o debate. É sempre recomendável, ao final do debate e da exibição das passagens do filme, que sejam realizadas atividades de discussão em pequenos grupos, com questões dirigidas ao conteúdo e às cenas selecionadas;

- Alternativamente, em complemento com as atividades acima, é possível que se utilize mais de um filme na discussão do tema. Naturalmente, esta alternativa de dinâmica é fortemente limitada pelo tempo, e somente é possível em casos de filmes de curta metragem, ou em casos em que são passadas apenas trechos de filmes. O valor desta alternativa está na possibilidade de confrontar pontos de vista, seja para ilustrar ideias em contrário, seja para fortalecer uma mesma ideia.

É fácil acreditar que as três primeiras opções são bastante efetivas em termos de viabilidade e de possibilidade de manutenção de um foco centrado em uma única obra (por esta razão foi adotada na parte de recomendação deste livro).

Mas, para qualquer das opções, a demanda que se gera é de que sejam produzidos materiais de apoio, na forma de notas de aula associadas, e com um direcionamento para as perspectivas temáticas da disciplina. Como dito anteriormente, esta etapa de preparação é a que toma mais tempo dos professores, que terão que ver o filme por uma perspectiva instrumental, e não exatamente de apreciação artística, além de terem que produzir as notas em seguida. A demanda inclui desde a produção dos pontos da nota de aula, passando pela a seleção de questões de debate e para atividades de grupo, até a seleção de cenas para o caso de uma exploração a partir da exibição de trechos.

Uma forma de minimizar estas dificuldades é a criação e o registro de notas de aula associadas a um dado filme, seja para registro pessoal do docente, seja para arquivamento institucional nas faculdades e universidades. Esta opção, que norteou o desenvolvimento deste livro, tem a desvantagem de exigir uma restrição de foco de conteúdo, mas tem a grande vantagem de evitar retrabalho de produção de conteúdos de aula.

Para a perspectiva deste livro, que se alinha com a experiência exitosa vivenciada pelos autores na exploração de alguns filmes como recurso didático, compreendemos como relevante adotar um modelo de nota de aula que guarda simplicidade e funcionalidade para efeito de uso. Recomendamos este modelo para interessados em desenvolver notas de aulas de filmes de seu interesse:

1. Argumento do filme: primeiramente, é apresentado o enredo do filme, que constitui um resumo da obra, indicando quem o produziu, e quais as finalidades gerais;

2. Utilização recomendada: consiste no apontamento das disciplinas que poderão fazer uso do filme como recurso didático, além da indicação de quais podem ser os objetivos educacionais de exploração do mesmo;

3. Indicações para coleta de informações: em nosso entendimento, é recomendável dar ao aluno um conjunto de guias para coleta de informação e anotação para quando estiverem assistindo ao filme. Tal

procedimento contribui para a análise posterior assim como para o debate, uma vez que os estudantes terão referências do próprio filme para apresentar seus posicionamentos, além de viabilizar ainda um direcionamento de foco na medida em que concentra a atenção do aluno em pontos específicos do filme. Assim, na nota de aula é interessante apontar quais são os pontos de coleta de informação que serão dados aos alunos antes de verem o filme;

4. Pontos relevantes: são os apontamentos típicos de nota de aula, como aqueles que são usados em anotações em quadros ou projetores. Neste caso, os pontos relevantes são os aspectos do conteúdo da disciplina que serão anotados pelo professor (recomenda-se que use o quadro) a partir do filme;

5. Questões: são perguntas e problemas de reflexão que são elaboradas aliando conteúdo da aula ao conteúdo do filme, e que poderão ser colocados para os alunos tanto no debate conduzido pelo professor com toda a sala como para os grupos nos trabalhos de equipe, sendo recomendado, neste caso, que o professor solicite a produção de uma resposta escrita da equipe como mecanismo de avaliação e atribuição de notas;

6. Método recomendado: consiste em dar sugestões sobre a exploração do filme na sala de aula, considerando as possibilidades de exibição em sala e de administração do tempo. É recomendável que a nota de aula possua pelo menos duas alternativas de uso.

7. Comentários e recomendações adicionais: espaço destinado a apontamentos os mais diversos, como por exemplo, comentários relativos de experiência de uso do filme, relatos de filmes correlatos e dados diversos, a critério do professor e da instituição.

Quadro 1.1 –Visão geral da nota de aula

Nota de aula	
Filme:	**Ano:**
Estilo: (ficção, animação...)	**Tema de base:**
Diretor:	**Protagonistas:**
1. Argumento do filme:	
2. Utilização recomendada:	
3. Indicações para coleta de informações:	
4. Pontos relevantes:	
5. Questões:	
6. Método recomendado:	
7. Observações e comentários relevantes:	

O quadro 1.1 apresenta uma visão geral da estrutura de uma nota de aula para um filme. Exemplos específicos podem ser observados ao final de cada capítulo deste livro (somente não estão presentes os comentários e recomendações adicionais).

1.5. A crítica do cinema

Como apontado nos itens 1.2 e 1.3, este livro está centrado na abordagem de filmes que tecem uma crítica da atividade empresarial e gerencial, ou seja, são abordadas especialmente obras que se dirigem de forma mais direta à exploração de temas e indústrias controversos do ponto de vista ético e moral.

A observação das características de vários filmes permite perceber claramente que uma das funções básicas de um filme é exercer uma crítica da realidade, ou de facetas específicas de cada realidade. A partir do uso de todo o seu arsenal de recursos técnicos e das inúmeras possibilidades de construção de um enredo e de edição, os filmes são meios privilegiados de construção de discursos críticos, que podem ser focados em pessoas, em indústrias, em práticas, em ideologias...

Os exemplos de filmes desta natureza são abundantes, e, dado o propósito de abordar filmes deste tipo, consideramos conveniente debater um pouco mais detidamente esta questão, como forma de moderar o discurso, e evitar uma análise crítica pela própria crítica, e também para viabilizar uma crítica da crítica, e sair do círculo do discurso absoluto de que tudo ou é bom ou é mau.

Para o universo dos negócios e da gestão, um ensaio recente de Steven Shugan (2006) levantou dados exploratórios que indicaram que em cerca de 50% das séries e programas de televisão americanos as ações de empresas e de executivos eram mostradas como associadas a práticas ilegais e irresponsáveis, tais como fraude, suborno, propaganda enganosa, roubo, mentira... Mas porque o cinema desenvolveu este sentido de oposição e contestação ao universo dos negócios e da gestão, se o cinema, como indústria, é ele próprio um grande exemplo de negócio e de práticas de gestão?

A avaliação das discussões sobre este aspecto sugere cinco hipóteses preliminares, que são: (1) os roteiristas e produtores não gostam de empresários executivos e fazem um esforço pessoal para depreciar sua imagem; (2) a imagem do executivo e do empresário oportunista, ganancioso, enganador, expropriador e corrupto gera audiência ou simpatia pelo autor ou pelo produtor da obra cinematográfica; (3) a produção cinematográfica não consegue construir outra realidade, por motivos paradigmáticos da produção; (4) há uma crença real de que o universo executivo e empresarial é realmente parte de um eixo do mal que infecta a sociedade atual; (5) há verdadeiramente um desconhecimento de causa, e um desalinhamento de perspectivas entre o universo do cinema e dos negócios. Vejamos cada uma destas hipóteses com mais cuidado.

A suposição de que roteiristas e produtores não gostam de empresários e de gestores, e por esta razão fazem filmes com o propósito pessoal de depreciar sua imagem, é limitada em sua capacidade de explicação do fenômeno, basta ver que o próprio cinema é uma indústria multimilionária, e que os principais agentes envolvidos (atores e atrizes, roteiristas, diretores e intermediários) são muito bem pagos, e levam uma vida de classe A para qualquer padrão de avaliação.

Ainda que seja possível crer que agentes envolvidos com o universo artístico têm direito de serem o que criticam (como o trecho da música do cantor Cazuza, que abre este item), seria uma verdadeira contradição depreciar o tipo pessoa que somos e o tipo de atividade que fazemos. Mas é possível que alguém acredite nisto (há pessoas realmente contraditórias), e por isto a suposição tem seu sentido.

A segunda hipótese apontada, de que a imagem do executivo e do empresário oportunista, ganancioso, enganador, expropriador e corrupto gera audiência ou simpatia por parte do público, parece ser uma explicação mais interessante. A realidade é que o discurso crítico tem um encanto em si, decorrente de sua capacidade de fazer ver o outro lado das questões, e ainda porque atende, eventualmente, às necessidades de algumas pessoas de verem o sucesso de outras pessoas depreciado, seja por inveja, seja por despeito, seja por um senso de justiça social[6].

Se considerarmos que há um grande público de cinema que possui formação universitária, e que a classe universitária é orientada desde o início a desenvolver uma visão mais crítica da realidade, especialmente neste sentido de crítica como depreciação, e considerando ainda que o cinema tem na classe universitária e de melhor nível econômico uma fonte de comunicação boca a boca qualificada, é fácil compreender que é bastante vantajoso para a indústria do cinema seguir esta orientação, que, no fundo, não passa de estratégia de penetração de mercado, de segmentação e de *target* bem delineadas. Considerando o quanto as outras suposições também explicam esta prática do cinema, entendemos que o discurso crítico não é só uma questão de estratégia de negócios, mas é possível crer que esta hipótese explica uma parcela significativa decisão da indústria do cinema e de seus agentes de adotarem este caminho para a produção de suas obras.

A nossa terceira hipótese associa-se à dificuldade de a produção cinematográfica sair deste modelo de crítica por razões paradigmáticas. Trata-se, em meu entendimento, de uma possibilidade bastante verossímil, especialmente quando lembramos que as artes em geral seguem um modelo geral de produção. O teatro, por exemplo, é fortemente liga-

---

[6] Esta questão está muito bem detalhada na obra do pensador francês Pierre Bourdieu, de quem recomendo a leitura de Bourdieu (2007).

do à ideia de crítica social e de sátira (em boa parte das vezes fundamentada em uma sátira erotizada, e eventualmente pornográfica, como é o caso do teatro do humor). No caso do cinema, é possível perceber a tradição da existência de algum vilão mais ou menos oculto. Nas décadas passadas tivemos os russos ou os comunistas, além da máfia, e em tempos mais recentes os chineses e japoneses, e agora os terroristas fundamentalistas. Empresas, empresários e executivos se ajustam perfeitamente bem ao conceito de vilão para substituir as antigas opções que perderam o fôlego.

Ainda em uma linha de base paradigmática, percebemos no cinema a tradição de desenvolver críticas não de vilões, mas entidades genéricas, campos ou instituições sociais. Assim ocorre, por exemplo, com a permanente crítica ao universo da política e da religião, e em especial a igreja católica. Neste caso, cabe o entendimento de que os elementos centrais do instituto capitalista (a empresa, o empresário, e o executivo) seriam adequados para dar seguimento a este modelo de desenvolvimento da obra artística. Pessoalmente, creio que esta é uma das suposições que contribui verdadeiramente para o modo de interpretação que o cinema gosta de impor sobre o mundo dos negócios.

Nossa quarta hipótese teve por suposição de que os agentes da indústria do cinema crêem realmente que o universo executivo e empresarial é realmente composto de pessoas vis e oportunistas. De fato, a vivência no universo organizacional providencia diversas experiências que reforçam este entendimento (inclusive na relação dos cineastas com seus patrocinadores, chefes e executivos controladores). O cinema seria, potencialmente, um meio de comunicação que equilibraria os efeitos da publicidade das empresas, que somente as exalta, e seria, em boa medida, o reconhecimento dos trabalhadores da indústria do cinema de que, como tais, têm mesmo é que se aliar aos demais trabalhadores.

Não temos como inferir, por nossa experiência apenas, se esta hipótese é verdadeira ou falsa, mas creio, pelo bom senso e pela vivência que temos como profissionais do universo dos negócios, que seja possível a defesa deste argumento, embora tudo isto represente, no extremo, uma contradição por parte destes próprios agentes, pois são todos beneficiados pela mega-indústria do cinema.

Nossa última hipótese está diretamente associada à anterior, ao supor que os agentes da indústria do cinema não possuem um real conhecimento de causa, o que provocaria um desalinhamento de perspectivas entre o universo do cinema e dos negócios, e ainda ajudaria na compreensão acima relatada de que em realidade os agentes do universo dos negócios são vis e oportunistas. Creio que, de todas as hipóteses apresentadas, esta é de fato a que mais explica a decisão dos produtores e roteiristas, na medida em que o desconhecimento de causa pode provocar uma visão enviesada do processo, gerando o que temos atualmente.

Faltaria, portanto, um melhor conhecimento destes agentes sobre fundamentos e realidades a respeito do universo empresarial, como por exemplo, a crença de que o lucro seja algo oportunista e associado à apropriação dos recursos do demandante, quando a teoria econômica e administrativa já justificou há décadas que o lucro é ao mesmo tempo um elemento de motivação para a geração de oferta, além de ser a remuneração da atividade empreendedora e do risco assumido. Esta explicação, apesar de ser de fácil compreensão, não parece ser bem disseminada nos meios de formação dos quadros de pessoal para o cinema. Assim como o caso do lucro, há diversos outros exemplos de outros aspectos que são bem justificados na teoria administrativa e econômica (como as visões sobre responsabilidade social, sobre as ações de publicidade e pesquisa de marketing, sobre segredo de vendas...), mas que não são de conhecimento da grande maioria das pessoas que estão fora da prática e da formação em negócios.

Para qualquer das opções apontadas, acredito que devemos sempre deixar realçado para os estudantes que há motivações que justificam a tomada de posição do filme e de seus produtores. Por exemplo, em *The corporation*, um filme que faz uma severa crítica à atuação das grandes empresas, há um trecho em que o cineasta americano Michael Moore comenta que a indústria do cinema somente aceita a crítica porque esta ainda é mais lucrativa do que sua falta; caso não fosse, a própria indústria do cinema seguiria em sentido de exaltação ou de ocultação de contestações. Mas os próprios filmes de Moore são, todos eles, produzidos, distribuídos, e exibidos por grandes empresas, e que o pagam bem, e muito bem, para ser o garoto antipropaganda do capitalismo que ele sugere ser.

Esta discussão tem uma conseqüência central para os envolvidos no processo educativo, em especial os professores que poderão fazer uso deste livro em suas aulas ou em seminários temáticos. Primeiramente, torna-se imperativo que os docentes moderem os conteúdos críticos do filme e das discussões a partir da explicação dos pontos-de-vista da empresa, dos empresários e dos executivos. Isto evita a percepção de que o universo capitalista é mal em si e que precisa ser superado como modelo de negócios.

Devemos também lembrar que uma visão extremada e panfletária anti-empresa e anticapitalista não é de todo compatível como os cursos de formação de administradores, e que a maioria dos alunos terão seus empregos vinculados a empresas, inclusive empresas próprias ou de sua família (aliás, alguns professores que podem usar este livro são empregados de instituições privadas de ensino). Ainda que respeitemos as teorizações que propõem a defenestração do modelo capitalista, não podemos esquecer que a administração está intimamente ligada à empresa, e que há teorias muito bem consolidadas que mostram o valor do capitalismo para a prosperidade econômica e social das nações.

Por fim, não podemos deixar de lembrar duas coisas centrais, e que podem contribuir para a construção de um juízo mais consistente do aluno em formação: primeiro, que a indústria do cinema é multimilionária, e que seus agentes são, em sua maioria, muito ricos; segundo, que toda mensagem é ideológica, e, portanto, é sempre uma verdade relativa, de modo especial no cinema, que retrata uma verdade editada por seus agentes para difundir sua visão de mundo e de realidade.

Referências

BOURDIEU, Pierre. *A distinção*: crítica social do julgamento. São Paulo: Edusp; Porto Alegre: Zouk, 2007.

CABRERA, Julio. *O cinema pensa*: uma introdução à filosofia através dos filmes. Rio de Janeiro: Rocco, 2006.

CHAMPOUX, Joseph E. Film as a teaching resource. *Journal of Management Inquiry*, v. 8, n. 2, p. 206-217, jun., 1999.

DAVEL, Eduardo; VERGARA, Sylvia Constant; GHANDIRI, Djahachah Philip. *Administração com arte*: experiências vividas de ensino-aprendizagem. São Paulo: Atlas, 2007.

DRUCKER, Peter. *Sociedade pós-capitalista*. São Paulo: Publifolha, 1999.

ELLET, W. *Manual de estudo de caso*: como ler, discutir e escrever casos de forma persuasiva. Porto Alegre: Bookman, 2008.

FACHIN, R. C.; TANURE, B.; DUARTE, R. G. *Uso de casos no ensino de administração*. São Paulo: Thomson Learning, 2007 (Coleção debates em administração).

HALL, R. H. *Organizações*: estruturas, processos e resultados. 8. ed. São Paulo: Pearson-Prentice hall, 2004.

OLIVEIRA, Bernardo Jefferson (org.). *História da ciência no cinema*. Belo Horizonte: Argvmentvm, 2005.

PERROW, C. A society of organizations. *Theory and Society*, v. 20, n. 6, p. 725-762, 1991.

SHUGAN, Steve M. Commentary: antibusiness movies and folk marketing. *Marketing Science*, v. 25, n. 6, p. 681-685, 2006.

Capítulo 2 – Obrigado por Fumar

Flávia Plutarco
Ingrid Mazza
Roberto Ramos

1. Introdução

A indústria do cigarro, historicamente envolvida com entretenimento por meio de cenas históricas de filmes com os seus galãs fumando, é destaque em Obrigado por fumar ao retratar a vida do lobista Nick Naylor. Nick trabalha como porta voz desta indústria, e o faz porque é o que sabe fazer melhor, e porque precisa pagar suas contas, como todo cidadão. Mas ele também é pai e precisa educar bem seu filho, que o admira pelo seu dom de argumentação. Ainda que muitas vezes não acredite que seus próprios argumentos sejam aceitáveis, os defende muito bem como se fossem seu verdadeiro ponto de vista.

Este capítulo analisa o tema apresentado, e mantém a mesma estrutura já trabalhada: uma primeira visão, com a apresentação de dados sobre a indústria do cigarro; conteúdo do filme – o roteiro, a síntese da obra e sua ficha técnica; conteúdo no filme – descrição de cenas dando ênfase nas temáticas da área de Administração; nota de aula – direcionamentos de como o filme pode ser abordado em sala de aula; e referências – obras e sites utilizados para embasar este capítulo e a discussão sobre o filme.

2. Uma primeira visão

O final do século 19 é a época na qual há a grande expansão da indústria tabagista, setor dominado, desde o começo pelas empresas multinacionais norte-americanas e britânicas. Segundo Boeira e Giuvant (2003), entre os anos de 1904 e 1947, as indústrias de tabaco dos EUA cresceram tão ou mais rapidamente que as de carros, com o lançamento de várias marcas populares de cigarros. O consumo interno nesse país cresceu tanto que nenhuma empresa se interessava por exportações.

No Brasil, a indústria se desenvolveu a partir da região Sul, com a British American Tobacco (BAT), controladora acionária da Souza Cruz. Foi criado então o chamado "sistema integrado de produção de fumo", desde 1918, no qual a Souza Cruz atua junto a milhares de famílias de agricultores, fornecendo insumos, orientando a plantação e garantindo a compra de toda a produção

Enquanto no século 19 a produção de fumo no Brasil se caracterizava pela desconcentração, sendo dispersa pelo país, após esse investimento da Souza Cruz, a concentração, no século 20, passa a ser na região sul. E é no centro do Rio Grande do Sul, com a colonização alemã, que nasce o núcleo que viria a ser atualmente "a capital do fumo": Santa Cruz do Sul e sua microrregião. Em grande parte, o sucesso econômico-financeiro das empresas tabagistas instaladas no país dependia do chamado sistema integrado de produção de fumo (BOEIRA; GIUVANT, 2003).

Dados da associação brasileira das indústrias do fumo – ABIFUMO, revelam que de 1950 a 1998 a produção total da indústria de cigarros aumentou de 107.950 para 555.000 toneladas de fumo. Seguindo um ritmo ainda mais acelerado, as exportações do mesmo período saíram de 35.805 toneladas para 305.000. O mercado consumidor interno brasileiro também cresceu. Em 1950 a população consumia 72.145 toneladas de fumo, e em 1998 esse número já havia chegado em 250.000 (segundo a fonte, a partir da década de 1990, os números foram arredondados).

Diante desses grandiosos valores, a indústria do cigarro está posicionada como uma das principais inimigas da saúde pública, afinal o cigarro é um produto feito para viciar e matar. Segundo dados do governo de Santa Catarina, no Brasil são computadas 4 milhões de mortes por ano relacionadas ao cigarro, uma a cada oito segundos. Um dos principais objetivos da indústria do cigarro é fazer as pessoas acreditarem que fumar é uma decisão individual, e que fumando elas vão ser mais sensuais, interessantes e aceitas. Essa tática funciona tão bem com os jovens que 99% dos fumantes começaram antes dos 19 anos de idade, segundo dados do governo acima citado.

Há dois planos em que os riscos ocasionados pelo tabaco podem ser considerados: o relativo à saúde humana – seja dos consumidores ativos/passivos, seja dos produtores agrícolas de fumo; e o relativo ao meio ambiente. Os riscos associados ao fumo têm sido cada vez mais documentados e expostos publicamente, mesmo com a grande resistência da indústria.

O tabagismo tem sido apontado como causa, segundo o Instituto Nacional do Câncer – INCa – de "efeitos de curto prazo da fumaça ou poluição tabágica: irritação nos olhos, manifestações nasais, tosse e cefaléia, aumento dos problemas alérgicos e cardíacos, e diminuição da mobilidade dos cílios pulmonares" (INCa, 1996, p. 30). Esses cílios são projeções semelhantes a cabelos muito finos, que ajudam a remover sujeiras do pulmão. Quando paralisados pela exposição à fumaça do cigarro, as secreções acumulam-se, gerando tosse e outros tipos de doenças respiratórias (INCa, 1996).

O INCa constatou que "o crescimento do consumo de cigarros no Brasil em 1945 foi acompanhado, 30 anos depois (1975), pelo crescimento da taxa de mortalidade por câncer de pulmão entre homens" (INCa, 1996, p. 37). Segundo o instituto, há 4.720 substâncias tóxicas na fumaça do cigarro e cerca de 70 delas são cancerígenas. De cada dez fumantes, um morre de câncer. No caso do câncer de pulmão, de 80% a 90% ocorrem em fumantes, o que significa dizer que esse tipo de anomalia seria raro sem a participação da indústria de tabaco (COSTA, 1996).

Segundo Costa (1996), os órgãos de saúde pública têm constatado que o tabagismo está relacionado a 30% das mortes causadas por todos os outros tipos de câncer, como os da cavidade oral, faringe, esôfago, laringe, rins, bexiga, colo de útero, etc. Também é causa de 85% dos casos de enfisema e bronquite, 25% dos infartos do miocárdio e angina e 25% dos acidentes vasculares cerebrais.

Por tudo isso, o cigarro, nos 20 anos considerados pelo IBGE, apresentou 18% de queda nas vendas, que eram da ordem de 136 bilhões de unidades em 1979 e passaram para 111 bilhões no final da década de 90. Mesmo lançando novos produtos, com baixos teores de nicotina, a indústria não conseguiu evitar a perda de consumidores.

O antitabagismo também é um fator influenciador para essa perda de mercado. Segundo Boeira e Giuvant (2003), este é um movimento antigo. A primeira obra nesse sentido de que se tem notícia é de 1604 (Counterbast to Tobacco), escrita pelo rei da Inglaterra, Jaime I (1556-1625). Vários países tentaram proibir o consumo no início do século 17. O papa Urbano VIII proibiu o uso de tabaco entre eclesiásticos em 1642. Mais tarde, na década de 1830, a Igreja Adventista (EUA) dá consistência a uma tradição cristã antitabagista e de combate ao alcoolismo (BOEIRA; GIUVANT, 2003).

Segundo Boeira e Gilvant (2003) a urbanização favoreceu a popularização do consumo, emergindo na década de 1860 a consciência crítica de médicos, que se somaram aos religiosos na luta contra o vício. Formou-se assim a base de uma rede social antifumo. As leis contra o tabagismo, nos EUA, começaram a surgir no início do século 20, mas as empresas conseguiram driblar as legislações de várias formas: por exemplo, vendendo os componentes do cigarro (o tabaco picado e o papel), introduzindo ilegalmente pacotes nos estados em que a venda estava proibida ou estabelecendo negócios no exterior. As leis meramente restritivas acabaram servindo para concentrar o setor, na medida em que os pequenos fabricantes não foram tão hábeis quanto a concorrência na busca de brechas na legislação, além de incentivar o contrabando, que, como bem exemplifica o caso das drogas, se alia com o crime organizado, com uma conseqüência muito mais deletéria para a sociedade (BOEIRA; GIUVANT, 2003).

Os números atuais do consumo ainda são ameaçadores, segundo

dados coletados no INCa, IBGE e OMS. Vejamos alguns destes:

- No Brasil, 200 mil pessoas morrem anualmente em decorrência do tabagismo;
- Cerca de um terço da população adulta é fumante, dos quais 11,2 milhões são mulheres e 16,7 milhões são homens;
- A maioria dos fumantes tem entre 20 e 49 anos, e com idade menor de 19 anos são registrados 2,8 milhões de fumantes;
- Mais de 10% dos estudantes da rede pública de ensino com idade entre 10 e 12 anos já fumou alguma vez na vida
- Na zona rural, fuma-se mais do que nas cidades em todas as faixas etárias;
- Seis por cento das crianças e adolescentes entre 5 e 19 anos da zona rural são fumantes. Já na zona urbana, esta porcentagem é de 5%.

Segundo dados da Secretaria de Estado de Saúde do Governo do Distrito Federal, uma família com orçamento mensal igual ou menor que R$ 400,00 gasta proporcionalmente quase cinco vezes mais da renda com tabaco do que aquelas que ganham mais de R$ 6 mil. As despesas das famílias com orçamento mensal igual ou menor que R$ 400,00 com tabaco são duas vezes maiores do que os gastos com educação e brasileiros com baixo nível de escolaridade têm cinco vezes mais chances de se tornarem fumantes do que aqueles com curso superior.

Como pode ser observado, apesar dos números demonstrarem uma queda significativa na indústria de cigarros, a realidade ainda é preocupante. Milhares de pessoas ainda fumam, o que nos leva a crer que muitas delas virão a sofrer sérios problemas de saúde por esta razão. Sem contar os fumantes passivos que, sem opção, também podem vir a sofrer as graves conseqüências das decisões de terceiros.

3. O conteúdo do filme

Obrigado por fumar, dirigido por Jason Reitman, é uma comédia americana ousada e satírica produzida em 2005, baseada no livro (que possui o mesmo nome do filme) do escritor Christopher Buckley, sobre a indústria do fumo. O filme recebeu 2 indicações ao Globo de Ouro, nas categorias de Melhor Filme e Melhor Ator para Aaron Eckhart, além de ter ganho o *Independent Spirit Awards* de Melhor Roteiro. No filme, Nick Naylor (Aaron Eckhart), personagem central e o narrador da história, é o porta-voz da indústria de cigarros e, profissionalmente precisa passar uma imagem benéfica do cigarro ao mesmo tempo em que tenta ser exemplo para o filho.

O filme não é sobre os malefícios do cigarro, mas sobre a manipulação das informações, da publicidade e da imagem pela mídia até chegar ao consumidor. Proporciona uma reflexão e um interessante debate sobre a posição de gestores e colaboradores que trabalham em organizações polêmicas. Naylor trabalha para uma associação que investiga os efeitos do tabaco na saúde dos fumantes. É bem pago, devido a sua boa retórica, para defender a indústria do cigarro. Seu maior argumento é que não há provas concretas em relação aos males causados pelo hábito de fumar e, apesar de defender sua descrença quanto a isto, ele sabe que o cigarro faz mal, mas relata no decorrer das cenas que trabalha para pagar as contas.

Divorciado, Naylor preocupa-se com a educação de seu filho e com atenção que este começa a despertar para entender o trabalho do pai, além de tentar lidar com o fato de que é odiado pela maioria das pessoas. Detestado por muitos, entre eles, o senador Ortolan K. Finistirre (William H. Macy), que deseja colocar rótulos de veneno nos maços de cigarros, Naylor passa a trabalhar manipulando informações de forma a diminuir os riscos do cigarro que são mostrados em programas de televisão.

Ainda tem dois amigos Polly (Maria Bello) e Bobby (David Koechner) com os quais se encontra constantemente e que se autodenominam como "o esquadrão da morte". Juntos eles comparam dados e disputam qual setor mata mais gente por ano já que, Polly defende a indústria do álcool e Bobby, a indústria armamentista.

O diretor Jason Reitman estréia com Obrigado por fumar a direção de longas-metragens após ter dirigido vários curtas. Para formar o elenco do filme, Jason escreveu para cada um dos atores principais, explicando porque o considerava ideal para interpretar o personagem, e todas as primeiras escolhas do diretor aceitaram o convite. Duas outras curiosidades do filme: primeiro, nenhum ator é visto fumando durante todo o filme e o escritor do livro no qual o filme é baseado, Christopher Buckley, pode ser visto no filme em uma cena que acontece no metrô; também a escolha do ator principal, Aaron Eckhart, aconteceu devido a imagem de tranqüilidade e calma que Aaron transmite, além do charme e carisma que conquista críticos e platéia.

O filme questiona a indústria do entretenimento quanto a manipulação das informações e as corporações por construírem uma imagem para driblar a opinião pública defendendo o ponto de vista que lhes interessa. Apesar do cenário que é construído, a escolha é do consumidor, como no filme o protagonista mesmo diz: "O importante não é convencer que estou certo, mas sim que meu adversário está errado".

Obrigado por fumar evidencia o fato de que todos sabem dos males do cigarro, mas argumenta que todos merecem uma defesa, inclusive a indústria que mata milhões de pessoas ao ano. Talvez, o único ponto negativo da obra é o fato de que o filme não consegue convencer ninguém a parar de fumar, além da constatação de Naylor ao conversar com o filho de que, se uma pessoa consegue vender cigarros, ela vai conseguir sempre vender, basicamente, qualquer coisa.

4. O conteúdo no filme

"Poucas pessoas no mundo sabem o que é ser realmente detestado." É com essa frase que Nick Naylor inicia a sua participação em "Obrigado por Fumar". Segundo sua própria definição, ele é pago para falar e para acabar com qualquer rival fazendo uso de sua persuasão, de modo a manipular opiniões mais inseguras. Diante de uma platéia hostil, em um programa televisivo em que estavam presentes membros do governo, de ONG's contra o fumo e até de uma criança com câncer, ele consegue reverter sua desvantagem natural e sair ovacionado após anunciar uma campanha milionária para prevenir que crianças não adquiram o hábito de fumar. Concluindo a sua fala com o chavão de que "todos nós concordamos que não há nada mais importante do que as crianças americanas", conquista definitivamente a platéia e nos mostra porque é bom no que faz.

Ele continua sua apresentação ao espectador do filme explicando que é vice-presidente da Academia de Estudos do Tabaco, uma pretensa instituição de pesquisa que investiga os efeitos do cigarro e que nunca encontrou relações conclusivas entre seu consumo e qualquer doença, mas que em suas palavras, conseguiria provar até que a "gravidade não existe". Ele contextualiza o poder da organização que está por trás de suas ações, com centenas de advogados das melhores escolas, cientistas que só descobrem fatores positivos relacionados ao cigarro e bilhões de dólares capazes de controlar, manipular e até deturpar a realidade.

O filme traz à tona a discussão sobre uma das mais controversas e combatidas indústrias do mundo moderno, e mostra com uma dose de bom humor os bastidores da atuação dessas companhias que têm, talvez, tantos opositores quanto clientes; que tanto gera dinheiro para o estado em forma de impostos, como o faz gastar em saúde.

Estar nessa posição ambígua não foi sempre o costume das companhias de tabaco. No começo do século XX, a indústria do cigarro era respeitada e o consumo de cigarros explodia, sendo considerado "cool", e de certa forma estimulado por artistas e intelectuais, que os consumiam rotineiramente, aumentando ainda mais a aura de glamour em torno do produto. Havia também muita desinformação e pouca pesquisa a respeito dos malefícios do cigarro.

Apesar de focar apenas na indústria do cigarro, o filme é muito rico em fatos que podem gerar discussões: a flexibilidade moral de Naylor, que mente para trabalhar; a sua fidelidade à empresa em que trabalha sendo, inclusive, consumidor de seus produtos; as relações com o governo, que por um lado autoriza legalmente o consumo de seus produtos e por outro lado o combate; a relação familiar e dos amigos julgando sua atividade profissional; a discussão a respeito da ciência, dos estudos que comprovam a relação entre o cigarro e as doenças, e os que refutam tal relação, e mesmo os que consideram que ainda não há evidências conclusivas a respeito do assunto.

Fatores como a influência do dinheiro nas nossas escolhas pessoais, nas nossas convicções e nas nossas necessidades, como no momento em que ele suborna o ex-garoto-propaganda da Marlboro e quando aceita as benesses do chefão da indústria tabagista, voando em seu jato particular e sendo chamado a participar da "família", também permeiam o filme. Mas pode-se dizer que os temas mais pungentes no filme são a discussão a respeito da demagogia associada ao falso moralismo, e a questão das liberdades individuais, um tema tão recorrente no mundo pós 11 de setembro.

É fato conhecido de todos a existência de uma demagógica indústria de indenizações na sociedade norte-americana. Ações milionárias contra empresas que vendem determinados produtos, sob a alegação de que "enganam os consumidores", como se esses não fossem responsáveis pelos seus atos e suas escolhas. Por outro lado, há "falsidade" na indústria tabagista ao não admitir que seu produto vicia e que faz mal a saúde, com certeza com medo da avalanche de ações que a atingiria. Há a má-fé de consumidores que se entopem de cigarro, de comidas gordurosas, levam uma vida sedentária e não tem maturidade para assumir suas escolhas colocando a culpa da sua falta de saúde em outros.

A demagogia de políticos como o Senador Finistirre, que sonha incessantemente em colocar símbolos de veneno (a tradicional caveira entrecortada por dois ossos em forma de "x") nas carteiras de cigarro, como forma de alertar os consumidores do malefício de se consumir o produto. Em uma cena memorável, Naylor, no seu depoimento no senado a respeito da proposta, lembra ao senador que o produto-símbolo produzido no estado pelo qual foi eleito (o queijo cheddar) está diretamente ligado ao fator número 1 de mortes nos EUA (os problemas cardíacos), e pergunta ao senador se ele não concorda que deveriam ser colocados símbolos de veneno nas embalagens de queijo também.

Pouco antes da cena descrita, Naylor faz uma crítica à demagogia imperante na política, campo no qual, possivelmente mais do que em qualquer outro, há uma série de aspectos legais e morais sendo violados a todo o momento e em que muitas vezes políticos que se dizem bastiões da moralidade são pegos em atos ilícitos. Quando perguntado se o fato da indústria tabagista ser quem financia as pesquisas desenvolvidas na Academia de Estudos do Tabaco não compromete seus resultados, Naylor responde, pisando no calo de quase todos os políticos, o financiamento de campanha, que acredita que não, da mesma forma que ele acredita que as doações de campanha do senador não influenciam suas decisões políticas.

Mas a principal discussão do filme é sem dúvida a respeito dos direitos individuais, da liberdade de escolha, do cidadão ser tratado como uma pessoa adulta, responsável e que pode tomar decisões a respeito de sua vida. Até que ponto o governo ou a própria sociedade devem regular certos comportamentos, ou será que certas coisas devem mesmo ser reguladas? Qual o limite? E quem é o responsável por delimitar essa fronteira? Quem dirá, por exemplo, se nossas conversas devem ser gravadas em nome da segurança da sociedade?

Esse controle exacerbado do governo sobre as liberdades individuais nos levará a um futuro em nos dirão que carros comprar, que roupas vestir, que lugares freqüentar, que livros ler, o que pensar? Ou isso tudo é paranóia de pessoas liberais demais?

Será também que o governo deve deixar tudo correr solto em nome da liberdade individual? Deve-se deixar as pessoas terem o direito de ser racistas? Deve-se defender a liberdade individual de segregar quem se quiser? E quem quiser possuir armas, deve ter o direito de atirar em quem quiser para se defender? Até onde vai o direito do fumante de se matar e ao mesmo tempo contaminar as pessoas que estão ao seu redor? Colocar certas rédeas no comportamento individual como forma de controlar melhor a sociedade é tão injusto e ilegal assim? Até que ponto a solução não é educar os cidadãos e esperar que eles saibam cuidar bem de si mesmos?

Essa discussão está cada vez mais profunda e atual, num mundo cada vez mais fragmentado, onde milhões de visões de mundo diferentes estão se chocando; mas, como chegar a um consenso? Como apagar as marcas de ódio e rancor enraizadas por centenas de anos de desigualdades e barbaridades? Há que se ter muita moderação, muito diálogo, tempo investido em debate, consultas à sociedade, estímulo a discussões e fundamentalmente o conhecimento mútuo entre as pessoas e entre as sociedades para que se estimule a compreensão e a aceitação das diferenças.

Para muitos, Nick Naylor seria um "enviado do diabo", "mercador da morte" ou "sultão da manipulação" nas palavras de seu próprio filho. Seu trabalho é ter sempre razão, não importam os meios. Sua moral é flexível, e seus valores questionáveis, mas ele se considera apenas mais uma pessoa comum querendo pagar sua hipoteca.

Obrigado por fumar muitas vezes nos faz rir e nos diverte, mas certamente nos fará pensar bastante se for assistido com um olhar crítico, se formos capazes de ler as entrelinhas, de nos aprofundar na aparente superficialidade de Nick Naylor e de suas aspirações, afinal, todo mundo tem que pagar suas contas, mas a que preço?

5. Nota de aula

Neste item apresentamos o conteúdo de uma nota de aula, que poderá contribuir para a exploração do filme em usos educacionais.

5.1. Argumento do filme

Obrigado por fumar, narrado por Nick Naylor, que trabalha defendendo a indústria do cigarro, não é um filme sobre os malefícios do cigarro (ainda que use os argumentos desta discussão), mas sobre a manipulação de informações, da publicidade e da imagem desenvolvida na mídia até chegar ao consumidor. No filme, Naylor mostra o dom que tem de falar e como ele usa este dom em defesa da indústria do fumo. Apesar de não acreditar no que diz ele consegue convencer a todos com seus argumentos, como o de que não há provas concretas dos males do cigarro e que as pessoas têm o direito de fazer escolhas. A obra cinematográfica ressalta como profissionais como Naylor, que trabalham em organizações polêmicas, mas que precisam cumprir com seus deveres de cidadãos e pagar suas contas, conseguem trabalhar as informações para evidenciar pontos fortes em seus produtos/serviços. A obra desenvolve ainda questões polêmicas, e que dizem respeito a ética, com as quais essas pessoas se deparam em seu dia-a-dia como profissionais e em suas relações pessoais.

5.2. Utilização recomendada

O filme pode ser trabalhado no nível acadêmico, em cursos de graduação ou pós-graduação, em disciplinas como: filosofia, sociologia, ética, teorias da administração, cultura e comunicação organizacional, sociedade e consumo, tópicos de gestão contemporânea, direito, entre outras... Os objetivos educacionais podem ser:

- Apontar e debater as conseqüências das ações da indústria do cigarro no mundo e no Brasil;
- Debater a atuação do governo para o incentivo e a regulamentação desse setor;
- Refletir sobre as relações políticas, organizacionais e o inter-relacionamento dessas duas relações;
- Ilustrar os conflitos éticos e legais presentes na citada indústria e nos governos;
- Debater as relações de poder.

5.3. Indicações para coleta de anotações durante o filme

Como forma de facilitar o debate após a exibição do filme, é recomendável que sejam anotados detalhes sobre os seguintes pontos:

- Os principais dados estatísticos relacionados a indústria do cigarro;
- Os elementos da crítica às ações governamentais;
- Os elementos éticos que influenciam nas ações organizacionais e políticas;
- As críticas às relações de poder identificadas na obra.

5.4. Pontos relevantes

Alguns aspectos que podem, adicionalmente, servir de tópicos de debate na discussão do conteúdo, após a exibição do filme, estão anotados a seguir.

- A postura de um profissional em defesa de seus clientes, mesmo diante de vítimas dos problemas criados;
- A relação entre a missão e a visão das organizações, e seu foco no lucro obtido a partir das vendas de seus produtos e serviços, independente de quais sejam eles;
- Aspectos associados à ética e à manipulação de informações e da imagem, por certos setores;
- O alcance da realização pessoal e a questão da moral e da ética;
- As relações de poder entre empresas, estados, profissionais, e o bem-estar coletivo;

5.5. Questões para trabalho de grupo

A seguir sugerimos algumas questões que podem servir de base para debates em pequenos grupos. A disposição de tempo pode determinar quantas e quais podem ser usadas em cada situação.

- Até que ponto o governo deve regular as escolhas individuais? Como entender as conseqüências trazidas pelo consumo do cigarro em relação à escolha do fumante de fazer uso deste produto?
- Uma pessoa, uma empresa ou uma organização é responsável pelo uso que a sociedade faz de seus produtos ou serviços?
- Como analisar a postura de pessoas que, usufruindo de sua liberdade para ser fumante, tornam-se vítimas da indústria do cigarro, e passam a questionar a postura dessa indústria na tentativa de se beneficiar por meio da cobrança de indenizações?
- Como as indicações de problemas éticos presentes no filme podem ser visualizadas em nosso dia-a-dia/ambiente de trabalho?

- Como analisamos as organizações das indústrias citadas no filme (cigarro, armas e bebidas) quanto às questões éticas e morais?
- Em termos de práticas e teorias, como o filme pode contribuir para a administração, em sua forma mais ampla?

5.6. Método recomendado

As atividades relacionadas ao filme devem transcorrer em 4 horas-aula (200 minutos). Recomendam-se duas possibilidades:

Atividade	Tempo (min)
ALTERNATIVA 1	
1. Debate preliminar sobre os impactos da indústria do cigarro	30
2. Solicitar que o filme seja visto em casa, ou expor em sala de aula	100
3. Direcionar a formação dos grupos e apresentar as questões de debate	50
4. Margem de segurança de tempo	20
ALTERNATIVA 2	
1. Debate preliminar sobre os impactos das ações das empresas	25
2. Expor em sala de aula uma parte do filme	50
3. Fazer um resumo oral do filme	15
4. Conduzir o debate, a partir dos pontos relevantes	45
5. Direcionar a formação dos grupos e apresentar as questões de debate	45
6. Margem de segurança de tempo	20

Para o debate preliminar, as seguintes questões podem ser colocadas (a extensão do debate depende da alternativa definida):

- Como podemos avaliar a postura do governo, da indústria do cigarro e das outras organizações envolvidas na produção e comercialização de produtos que provocam riscos ao bem-estar coletivo?
- Como analisamos a postura de combate e de incentivo dos poderes governamentais? São essas posturas questionáveis?
- Quais as convergências e divergências entre a indústria do cigarro e as outras indústrias presentes em nossa sociedade?
- Em que medida devemos contrabalançar a liberdade individual de consumo com leis restritivas ao consumo?

6. Referências

ABIFUMO – Associação Brasileira da Indústria do Fumo. Disponível em: <www.abifumo.org.br>. Acessado em: 17 nov. 2008.
BOEIRA. S. L.; GIUVANT. J. S. Indústria de Tabaco, Tabagismo e Meio

Ambiente: As redes anti os riscos. *Cadernos de Ciência & Tecnologia – Embrapa*, v. 20, n. 1, p. 45-78, jan./abr. 2003.

COSTA, J. B. *Deixar de fumar*. São Paulo: Casa Publicadora Brasileira, 1996

GOVERNO do Distrito Federal. *Tudo contra o fumo*. Disponível em: <www.saude.df.gov.br>. Acessado em: 05 nov. 2008.

GOVERNO do Estado de Santa Catarina. *De olho na saúde*. Disponível em: <www.saude.sc.gov.br>. Acessado em: 06 nov. 2008.

INSTITUTO Brasileiro de Geografia e Estatística – IBGE. Atividade-Brasil. Disponível em: <www.ibge.gov.br>. Acessado em: 06 nov. 2008.

INSTITUTO Nacional do Câncer (Brasil). *Falando sobre tabagismo*. 2. ed. Rio de Janeiro: Ministério da Saúde, 1996.

MINISTÉRIO da Saúde. Rede Interagencial de Informações para a Saúde. Indicadores de morbidade e fatores de risco. Disponível em <www.tabnet.datasus.gov.br>. Acessado em: 07 nov. 2008.

ORGANIZAÇÃO Pan Americana da Saúde. Escritório Regional para as Américas da Organização Mundial de Saúde. *Dia mundial sem o Tabaco 2008*. Disponível em: <www.opas.org.br>. Acessado em: 08 nov. 2008.

Outros sites:
http://www.brainstorm9.com.br/2006/08/21/obrigado-por-fu/
http://www.overmundo.com.br/overblog/obrigado-por-fumar-um-filme-inteligente
http://www.abrhrj.org.br/typo/index.php?id=153
http://www.adorocinema.com/filmes/obrigado-por-fumar.asp
http://br.cinema.yahoo.com/filme/13455/obrigadoporfumar
http://www.abifumo.org.br/
http://www.batbrasil.com.br

Capítulo 3 – Diamante de Sangue

Anderson Queiroz Lemos
Elias Pereira Lopes Junior
Rodolfo Jakov Saraiva-Lobo
Leonel Gois Lima Oliveira

1. Introdução

Estamos em uma geração de mudança de paradigmas e de expectativas dos consumidores, em novos tempos estão relacionados à preocupação da sociedade quanto à sustentabilidade organizacional e ao mesmo tempo à qualidade e à procedência dos produtos que consome. Para ser sustentáveis, as organizações têm de atuar em três frentes: a social; a ambiental; e a econômica (SILVA FILHO, 2007).

Esta ideia de sustentabilidade incorporada aos negócios para além do fator econômico é relativamente recente, e em geral é um aspecto relacionado à disposição das empresas por um comportamento responsável social e ambientalmente. Destaca-se, dentre as questões de responsabilidade sócio-ambiental, a problemática da indústria de pedras preciosas, principalmente por ser um setor que contribui para uma enorme degradação ambiental e oferece muitos riscos a integridade física dos garimpeiros (MILANEZ; OLIVEIRA, 2008).

No cenário da exploração de pedras preciosas, o Brasil apresenta-se no mercado gemológico internacional como um dos importantes fornecedores de gema de cor (COSTERANO, 2005). Destacando-se internacionalmente na produção de pedras preciosas pela quantidade e pela variedade produzida. O país produz regularmente quatro tipos de gemas que são consideradas as mais valiosas no mercado internacional: diamante, esmeralda, turmalina paraíba e alexandrita.

Outras pedras vêm ganhando atenção do mercado internacional como, por exemplo, o 'olho-de-gato', o topázio imperial, a opala, a água-marinha, a turmalina verde e a rubelita. Vale ressaltar que o Brasil é o principal produtor de turmalina paraíba e o único produtor mundial de topázio imperial (RIBEIRO, 2008).

Apesar das dificuldades operacionais, o comércio de pedras preciosas possui alguns mecanismos de regulação e rastreamento da produção desde a comercialização de ouro com a ausência de mercúrio, até o processo Kimberly de comercialização sem financiar os movimentos rebeldes no caso dos diamantes (ALI, 2007).

É neste contexto se insere uma das possibilidades de reflexão sobre o filme Diamante de sangue, que desenvolvemos neste capítulo. Após esta parte introdutória, o capítulo segue com uma primeira visão do tema. Em seguida apresenta-se o conteúdo do filme, depois o conteúdo no filme; e por fim uma nota de aula sobre o filme.

2. Uma primeira visão

O comércio mundial de pedras preciosas representa um movimento financeiro da ordem de três bilhões de dólares, com exclusão do diamante. Somente este, teve um volume de transações anuais de cerca de cinco bilhões de dólares em 1995 (CALAES, 1995), e atualmente movimenta mais de sete bilhões de dólares.

Sobre a descoberta dos diamantes, Costa (2005) afirma que eles foram supostamente descobertos na Índia, séculos antes de Cristo, conforme registros encontrados nos textos Sânscritos "*Arthasastra e Ratnapariska*" (JANSE, 1996).

Até o século XVII o único país a produzir diamantes em escala mundial era a Índia, segundo relato do francês Tavernier, nas suas diversas viagens ao Oriente, sobre as minas diamantíferas da Região de Kurnool, na Índia (BARBOSA, 1991). O primeiro relato da descoberta de diamantes na África, foi na África do Sul, um diamante de 21,25 quilates encontrado por Erasmus Jacobs, na fazenda De Kalk, situada na margem esquerda do Rio Orange, em julho de 1866 (JANSE, 1995). As primeiras descobertas limitaram-se aos terraços e aluviões dos rios Orange e Vaal e desencadearam a primeira "corrida" de prospectores e "garimpeiros" na África do Sul, cuja produção rapidamente ultrapassou o Brasil, conforme indicou Costa (2005).

A exploração e a comercialização de diamantes brutos serviram, durante muitos anos, como uma fonte de financiamento de grupos rebeldes em países africanos como, por exemplo, Serra Leoa, Angola e Libéria. A Organização das Nações Unidas, juntamente com produtores, importadores e exportadores e a sociedade civil, criaram um sistema de certificação que ficou conhecido como Sistema de Certificação do Processo de Kimberly (SCPK). Este consiste num sistema internacional de identificação da origem do diamante bruto extraído que visa a restringir a comercialização de diamantes originados de zonas de conflitos. No Brasil, a Lei n.º 10.743, de 9 de outubro de 2003 trata da adequação do SCPK na exploração e comercialização do diamante bruto produzido (BRASIL, 2003; MACEDO; BRAYNER FILHO, 2004).

- A atividade de produção do diamante

Se passarmos a nossa análise para um contexto observável na realidade brasileira, temos no garimpo das pedras preciosas ainda diversos problemas. De fato, verifica-se um alto índice de informalidade no ga-

rimpo, dificultando a identificação da quantidade de garimpeiros trabalhando; sabe-se que os empregos gerados são comparados a subempre-
gos (bem próximos do trabalho escravo) e a renda advinda dessa produção é concentrada nas mãos dos grandes joalheiros (MILANEZ; OLI-
VEIRA, 2008).

Verificaram-se mudanças na formalização do trabalho de garimpo
quando, a partir da Constituição de 1988, os garimpeiros foram obrigados a atuarem de forma organizada com o surgimento de cooperativas
de garimpeiros, no lugar da sua atuação individual. Muitas dessas cooperativas servem apenas para a devida adequação à lei, pois a cultura
dos garimpeiros continua bastante individualista, cada qual buscando
descobrir uma oportunidade de enriquecer e se distanciar daquele trabalho penoso (TEIXEIRA; LIMA, 2004).

Mesmo assim se observa no mercado internacional uma estratégia
das organizações envolvidas na produção e comercialização de subver-
ter a realidade de que a exploração das pedras preciosas se dá insusten-
tavelmente, apesar da pressão de organismos internacionais de proteção aos direitos humanos. É sobre isto que Diamante de sangue trata. A
seguir detalhamos mais estes aspectos.

3. O conteúdo do filme

Com direção de Edward Zwick e roteiro de Charles Leavitt e C. Ga-
by Mitchell, o longa "Diamante de Sangue" (2006) conta com um gene-
roso elenco hollywoodiano. O filme, a exemplo de outras obras, assim
como "O senhor das Armas", "Hotel Ruanda", "O Amor Não Tem fronteiras" e "O Jardineiro Fiel" segue uma linha de abordar temas quanto a
questões sociais, éticas e ambientais.

O filme se passa no continente africano (onde mais da metade da
exploração mundial de diamantes é realizada), mais especificamente
em Serra Leoa. Nesse cenário surge Danny Archer (Leonardo DiCaprio),
um ex-militar que ganha a vida como traficante de diamantes. A trama
se inicia quando Archer encontra-se na prisão com Salomon Vandy
(Djimon Houson), um pescador que é separado de sua família para trabalhar como escravo em uma mina de diamantes, e de repente encontra
uma valiosa pedra que pode mudar a sua vida e de sua família.

Já fora da prisão, Archer propõe que os dois encontrem juntos o
diamante, em troca de ajudar no resgate da família de Vandy. A trama se
intrinca quando surge a bela repórter Maddy Bowen (vivida por Jennifer Connelly), que durante a necessidade profissional de revelar as
atrocidades ocorridas naquele pais (trabalho e prostituição infantis,
mão de obra escrava e corrupção ativa), se vê envolvida pessoalmente
com Archer.

É importante observar que toda a cadeia que movimenta a exploração ilegal de diamantes está fundamentada no simples desejo que a sociedade tem de possuí-los. Assim, fica claro no filme que as organizações envolvidas (governamentais ou não) realizam de forma não sustentável a exploração do produto, contrariando diversos pressupostos teóricos.

O desfecho do filme se dá com a morte de Archer após resgatar o filho de Vandy em um campo de trabalhadores escravos, enquanto Maddy faz denúncias junto a organismos internacionais sobre a realidade dos campos de exploração de diamantes e a trajetória das pedras até o mercado britânico.

Segundo os críticos, o tema abordado no filme não foi suficientemente explorado, dando mais espaço para as cenas de ação que chegam a desfocar o real propósito da trama. Entretanto há conteúdo suficiente no filme para que os espectadores possam tirar suas próprias conclusões.

A participação de atores consagrados colabora com a repercussão do filme, que serviu para chamar a atenção da comunidade internacional para a questão da exploração dos "diamantes de sangue".

4. O conteúdo no filme

As indústrias de diamantes, assim como a de produção de outras pedras preciosas, representam exemplos de segmentos em que os trabalhadores braçais são expostos a situações degradantes. No filme, a situação ainda é mais complicada devido à presença de trabalho escravo e trabalho infantil, demonstrando o lado mais cruel de uma realidade. Estes mesmos trabalhadores são o impulso de toda uma cadeia produtiva que muitas vezes não é percebida pelas pessoas que estão consumindo os produtos.

Podemos perceber no filme a lei da oferta e da demanda atuando sob diversos produtos e serviços, mas iremos nos ater apenas aos diamantes e armas. Para estes dois produtos houve mudanças significativas na oferta que, conseqüentemente, afetaram a demanda.

No caso das armas, Serra Leoa atravessava um momento de guerra civil, em que a Frente Revolucionária Unida (FRU), constituída por guerrilheiros locais, pretendia assumir o controle do território, dos recursos naturais, disseminando violência por todo o país.

As tropas do governo também atuavam violentamente, pois pretendiam garantir para si o controle dos recursos naturais, especialmente o diamante, um produto de alto valor comercial.

Os traficantes internacionais de armas as vendiam tanto para a FRU quanto para as tropas do governo, demonstrando assim não ter preferências políticas na escolha da clientela (afinal, são somente negócios). O comprador pode ser o governo ou os rebeldes, tanto faz, o que importa é que paguem bem.

Já no caso dos diamantes a lei da oferta e da demanda atua de forma mais acentuada, pois uma grande corporação inglesa, principal compradora das pedras extraídas pelo garimpo ilícito de diamantes, trama uma maneira de comprar toda a produção da FRU com intuito de dominar a oferta no mercado inglês tornando-se assim um monopólio. Para tanto a estratégia desta grande corporação é comprar toda a produção de pedras preciosas da milícia e estocar, apenas para manter o alto preço de revenda, já que não terá mais concorrente(s) para enfrentá-la.

Neste caso, independentemente do preço, a demanda dos consumidores de pedras preciosas se mantém inalterada ou, na pior das hipóteses, sofre um leve decréscimo, pois se associam à preferências oriundas do desejo dos consumidores deste bem de ostentarem seu luxo, sem a menor preocupação quanto a origem e a forma com que as pedras foram extraídas.

Sobre as questões da ética empresarial, o nome do filme "Diamante de Sangue" representa o título da matéria escrita pela jornalista no filme (Jennifer Connelly). Neste caso, percebe-se no filme a inserção do contexto de ética corporativa e da RSA. Provavelmente a reportagem busca revelar aos leitores e consumidores que ao comprarem jóias, eles estão indiretamente financiando guerras civis, exploração do trabalho infantil, trabalho escravo, dentre outros males.

Apesar da morosidade, percebe-se uma mudança de paradigma no contexto empresarial. As noções éticas e de RSA estão ganhando espaço de destaque. A percepção do consumidor está mudando e, conseqüentemente, as organizações também se transformam. No filme, o ex-mercenário (Leonardo DiCaprio) vai alterando o seu ponto de vista pessoal nos momentos em que ajuda tanto à jornalista, quanto ao serraleonês (Djimon Hounsou) na busca pelo reencontro de sua família.

5. Nota de Aula

Neste item apresentamos o conteúdo de uma nota de aula, que poderá contribuir para a exploração do filme em usos educacionais.

5.1. Argumento do filme

Diamante de sangue narra a história de dois personagens africanos com vidas opostas, e uma jornalista americana, que acabam se cruzando numa saga que tem como ponto chave a busca de um valioso e raro diamante. No perpassar da aventura o filme vai retratando as lutas étnicas pelo domínio do poder dentro de Serra Leoa, um país retalhado pela guerra civil. O diretor apresenta nessa obra cinematográfica o diamante como a moeda de troca das etnias, cuja exploração se dá sem nenhum controle pelos organismos internacionais ligados a direitos humanos.

5.2. Utilização recomendada

O filme se aplica fundamentalmente a cursos de graduação e pós-graduação da área de negócios, de modo especial em Administração. Em termos de disciplina, o texto pode ser usado principalmente em Ética Empresarial, Responsabilidade socioambiental corporativa, podendo ser útil também em Economia e Tópicos Avançados em Administração. Os objetivos educacionais podem ser:

- Ilustrar a ineficiência produtiva associada ao processo de semi-escravidão e exploração da mão-de-obra;
- Ilustrar um modelo de oferta e demanda, e o processo de cartelização do setor de pedras preciosas;
- Demonstrar como o dinheiro ganho através do contrabando do diamante financia a compra de armas pelas milícias e grupos rebeldes e a transformação de crianças em soldados;
- Ilustrar os fins de exploração dos países pobres, em especial os africanos, exibindo que para a obtenção de certos objetos de luxo, os fins não justificam os meios;
- Apontar e debater as conseqüências das ações das grandes empresas do setor de pedras preciosas (ou mineração) na sociedade.

5.3. Indicações para coleta de anotações durante o filme

Como forma de facilitar o debate após a exibição do filme, é recomendável que sejam anotados detalhes sobre os seguintes pontos:

- A presença das grandes nações nas decisões da sociedade mundial;
- O desrespeito e a ineficiência com a mão-de-obra na exploração dos diamantes;
- Os males causados pela atuação das empresas de diamante;
- As ações dos governos do continente africano;
- O ciclo-econômico da exploração dos diamantes.

5.4. Pontos relevantes

Alguns aspectos que podem, adicionalmente, servir de tópicos de debate na discussão do conteúdo, após a exibição do filme, estão anotados a seguir.

- Observar que a exploração manual do diamante é o inicio de uma cadeia produtiva irregular;
- Perceber que a cadeia de exploração do diamante começa com o desejo de sociedade em possuí-lo;
- Observar a crítica no filme a pouca importância dada pelas autoridades internacionais a questões socioambientais;
- Observar que o cartel do diamante controla a oferta e a demanda do produto;

5.5. Questões para trabalho de grupo

A seguir sugerimos algumas questões que podem servir de base para debates em pequenos grupos. A disposição de tempo pode determinar quantas e quais podem ser usadas em cada situação.

- Numa cena do filme é comentada a relevância que as questões socioambientais nos países africanos têm para a sociedade. Como seriam as preocupações do mundo caso os incidentes ocorressem em um país desenvolvido?
- Ao longo do filme são apontadas diversas passagens associadas à cadeia produtiva do mercado de pedras preciosas. Comente algum setor cuja agregação de valor do produto beneficie a indústria e comente os malefícios econômicos e sociais que esta prática causa a região explorada;
- O mundo depende, em grande parte, econômica e politicamente dos Estados Unidos e outras potências. Nesse sentido, analise como esses países influenciam nas estratégias empresariais da indústria de pedras preciosas e das empresas em geral.

5.6. Método recomendado

A atividade relacionada ao filme deve perpassar 4 horas-aula (200 minutos). Recomendam-se duas possibilidades:

Atividade	Tempo (min.)
ALTERNATIVA 1	
1. Debate preliminar sobre ética e Responsabilidade Socioambiental	12
2. Solicitar que o filme seja visto em casa, ou expor em sala de aula	138
3. Fazer um resumo oral do filme	10
4. Direcionar a formação dos grupos e apresentar as questões de debate	40

ALTERNATIVA 2	
1. Debate preliminar sobre ética e Responsabilidade Socioambiental	10
2. Expor em sala de aula algumas partes do filme	50
3. Conduzir o debate, a partir dos pontos relevantes	60
4. Direcionar a formação dos grupos e apresentar as questões de debate	60
5. Margem de segurança de tempo	20

Para o debate preliminar, as seguintes questões podem ser colocadas (a extensão do debate depende da alternativa definida):

- Quais as conseqüências da ausência de práticas éticas em organizações empresariais?
- Como podemos entender a relação entre lucro/exploração de mão de obra e capitalismo no contexto africano?
- Como se configura o mercado de diamantes no Brasil. São evidentes as preocupações com questões de origem dos produtos?

6. Referências

ALI, S. H. Jewelled development. *D+C – Development and Cooperation.* Frankfurt. v. 34, n. 3, p. 205-206. 2007.

BRASIL. Lei nº 10.743, de 9 de outubro de 2003. Institui no Brasil o Sistema de Certificação do Processo de Kimberley - SCPK, relativo à exportação e à importação de diamantes brutos, e dá outras providências. *Diário Oficial da República Federativa do Brasil.* Brasília, 10 de outubro de 2003.

CALAES, G. D. *Pedras preciosas, semipreciosas e suas manufaturas*: desafios a superar na questão tributária. Revista Econômica do Nordeste. Fortaleza, v. 26, n. 1, p.103-118, jan./mar. 1995.

COSTA, M. J. *Diamantes.* Comunicação Técnica elaborada para Edição do Livro Rochas & Minerais Industriais: Usos e Especificações. Rio de Janeiro: Cetem, 2005. Disponível em: www.cetem.gov.br/publicacao/CTs/CT2005-120-00.pdf. Acessado em: 10/11/08.

JANSE, (BRAM) A.J.A. A history of diamond sources. *In:* Africa: Part I, Gems & Gemology, Vol. 31, No. 4, p. 228-255, 1995.

MACEDO, L. C. L.; BRAYNER FILHO, D. S. *Processo de Kimberley (Lei n° 10.753/2003). Diamantes brutos no comércio exterior.* Elaborado em maio de 2004. Disponível em: http://jus2.uol.com.br/doutrina/texto.asp?id=5320. Acessado em: 17/11/08.

MENDES, C. M.; TREDEZINI, C. A. O.; BORGES, F. T. M.; FAGUNDES, M. B. B.. *Economia (Introdução).* Florianópolis - SC: Departamento de Ciências da Administração (CAD/CSE/UFSC), 2007. v. 01. 158 p.

MILANEZ, B.; OLIVEIRA, J. P. A. Mineração de Gemas, APLs e Sustentabilidade: o caso do APL de opalas em Pedro II (Piauí). In: XXXII ENCONTRO DA ANPAD, 32, 2008, Rio de Janeiro. Anais... Rio de Janeiro, ANPAD, 2008.

OLIVEIRA, B. C.; OLIVEIRA, J. D.; OLIVEIRA, L. G. L.; OLIVEIRA, M, C.; ANDRADE, M. C.; MARQUES, M. V.; Responsabilidade social corporativa: um estudo de caso de empresas exportadoras cearenses do setor calçadista. Contextus – Revista Contemporânea de Economia e Gestão. Fortaleza, v. 4, n. 1, p.17-28, Jan/Jun, 2006.

RIBEIRO, H. M. D. Fatores relevantes no desempenho brasileiro no mercado internacional de pedras preciosas. 2008. 76 p. Dissertação (Mestrado em Economia). Universidade Federal de Viçosa – MG.

SILVA FILHO, J. C. L. Socioambiental: o perigo da diluição de dois conceitos. Gestão.Org – Revista Eletrônica de Gestão Organizacional. v. 5, n. 2, Mai/Ago, 2007.

TEIXEIRA, N. S.; LIMA, M. H. R. Características e atuação das organizações de garimpeiros no Brasil. Anais da XII Jornada de Iniciação Científica. Rio de Janeiro: CETEM, 2004. Disponível em: <http://www.cetem.gov.br> Acessado em: 17/11/98.

VASCONCELLOS, M. A. S.; GARCIA, M. E. Fundamentos de Economia. São Paulo: Atlas, 2004.

Capítulo 4 – O Senhor das Armas

Ingrid Mazza
Flávia Plutarco
Roberto Ramos

1. Introdução

A indústria de armas é um influente setor, sendo assunto de destaque ao desencadear discussões éticas e embates jurídicos, gerando uma discussão ainda mais polêmica quando se analisa o seu lado informal. No filme O Senhor das Armas, o mercado de armas é abordado pelo seu lado mais sombrio, mas de maneira natural quando analisado sob a visão do protagonista Yuri Orlov, que vê o seu envolvimento na venda ilegal de armas como uma possibilidade de grandes ganhos financeiros, sua auto-realização e a sensação de ter conseguido sucesso pessoal.

Este capítulo está apresentado de acordo com a seguinte estrutura: uma primeira visão, com a apresentação dos números da indústria armamentista formal e informal; conteúdo do filme, com o roteiro com uma síntese da obra e sua ficha técnica; conteúdo no filme, com a descrição das cenas com ênfase nas temáticas da área de Administração e a nota de aula, com os direcionamentos de como o filme pode ser abordado em sala de aula.

2. Uma primeira visão

A violência no mundo aflige a todos, provoca milhões de mortes e uma sensação de terror permanente na sociedade atual. Vejamos alguns dados em nível mundial:

- Segundo relatório da Organização Mundial de Saúde (OMS), morrem 1,6 milhão de pessoas com faixa etária entre 15 e 44 anos no mundo a cada ano, vítimas da violência;
- Calcula-se que, para cada pessoa morta pela violência, outras 40 pessoas precisam de tratamento para ferimentos graves;
- No mundo, há uma morte por violência por minuto. Em gênero, isso corresponde a 14% das mortes de pessoas do sexo masculino e 7% das mortes de pessoas do sexo feminino.
- Cerca de 35 pessoas morrem a cada hora em conflitos envolvendo armas de fogo.

Já no Brasil, a violência alcança índices recordes que mostram a precariedade do nosso sistema de segurança pública. Tal fato levanta uma discussão sobre a ineficiência de apenas efetuar prisões, além da obsolescência das estratégias e dos métodos de investigação que não estão reprimindo a violência, contribuindo assim para o grande aumento dos crimes.

O Ministério da Justiça brasileiro realizou uma pesquisa com o objetivo de entender como os cidadãos se comportam perante a violência especificamente na cidade de Belo Horizonte. Segundo informações levantadas, foram gastos no ano de 2000 na cidade de Belo Horizonte cerca de trezentos e trinta milhões de reais para conter a violência, que não foram suficientes para combater o aumento crescente da criminalidade, evidenciando uma real necessidade de agir nas causas geradoras da violência.

A pesquisa identificou que 85% das pessoas consideram inseguro sair de casa à noite, enquanto cerca da metade das pessoas também consideram inseguro ficar em casa a noite. Já 80% da população toma alguma medida de precaução contra a violência ao sair de casa; e 4 entre cada 10 pessoas mudam o caminho seguido entre sua residência e o seu trabalho como medida de prevenção contra a violência. Sobre o porte de armas, a mesma pesquisa revelou que 1 entre cada 5 pessoas já notaram a presença de pessoas armadas na vizinhança e cerca de 10% da população possui arma de fogo.

A Secretaria Nacional de Segurança Pública (Senasp), em seus registros, fornece uma informação que corrobora com a ideia anterior, onde em um comparativo entre os anos de 2001 e 2003, verificou-se um aumento de 30,6% do número de ocorrências registradas pela Polícia Civil.

Segundo a Senasp, a evolução da incidência da taxa de homicídios é um indicador consistente do aumento da criminalidade no Brasil, que nesse índice fica atrás somente da Colômbia, África do Sul, Jamaica e Venezuela. A maior parte das vítimas são pessoas do sexo masculino e com idade entre 17 e 23 anos, faixa etária que atualmente está mais envolvida em crimes.

De acordo com dados da Senasp, há uma incidência cada vez maior de crimes violentos com uso de armas de fogo, assim como os roubos a mão armada. Uma pesquisa feita pela mesma secretaria denota ainda que, em 1998, 60% dos homicídios aconteceram com a utilização de armas de fogo e, que no país, já se contabilizavam naquele ano 18,6 armas para cada 100 mil habitantes.

De acordo com a Agência de Informação Frei Tito para América Latina (Adital), no mundo, há cerca de 640 milhões de armas e outras 8 milhões são produzidas por ano pela indústria armamentista. Quanto a munições, são fabricadas de 10 a 14 bilhões ao ano, quantidade esta que, apesar de não ter sido especificado pela Adital o tipo de munição, seria suficiente para matar duas vezes todos os habitantes do mundo. Outro aspecto relevante é que, parte dessa quantidade de armas são classificadas como portáteis, não tendo sido evidenciada a existência de controle sobre a transferência desse tipo de arma entre os países.

No Brasil, a produção nacional de armas é concentrada em poucas empresas, gerando cerca de 6.500 empregos, sendo considerada a maior indústria bélica da América Latina e um dos maiores fabricantes do mundo de armas enquadradas como de pequeno porte, ficando ao lado de países como China, Rússia, Alemanha, Bélgica e Estados Unidos. No ano de 2004, segundo dados do Instituto Brasileiro de Geografia e Estatística (IBGE), a indústria de armas brasileira gerou uma receita de 547 milhões de reais, e a quantidade de armas produzidas por essa indústria entre os anos de 2002 a 2006 foi cinco vezes superior a quantidade de armas que foram recolhidas durante a campanha do Desarmamento realizada pelo Ministério da Justiça nos anos de 2004 e 2005.

As informações apresentadas até o momento referem-se a armas e munições legais. No entanto, os números são alarmantes quando se busca mensurar as armas e munições ilegais. Calcula-se que, para cada arma apreendida, há outras 30 que entram de forma ilegal no Brasil pelo tráfico organizado de armas, que segundo a Organização das Nações Unidas (ONU), se mostra hoje como a segunda forma mais lucrativa de tráfico do mundo, perdendo somente para o tráfico de drogas. As armas ilegais são oriundas principalmente do Paraguai, mas outros países como os EUA, Argentina, Bolívia, Filipinas e Uruguai também exportam armas de maneira ilegal para o Brasil.

Em pesquisas são apresentadas estratégias e diretrizes que poderiam contribuir para o combate e controle do tráfico de armas, como por exemplo, a implementação de leis que hoje apresentam falhas em suas aplicações, medidas para o controle fronteiriço com o estabelecimento de uma faixa a cada lado das fronteiras onde seria proibida a venda de armas e munição, o que possibilitaria uma maior eficácia no controle policial nestas áreas e, a marcação e o rastreio das munições, assim como diferenciações entre as munições entre civis e militares e o estabelecimento de um limite na quantidade de munições que uma pessoa pode adquirir.

Os efeitos sociais e políticos da criminalidade crescente podem ser mensurados na transmissão de violência entre gerações, na redução da qualidade de vida e no comprometimento do processo democrático. De forma prática, isso se mostra diretamente no cotidiano dos cidadãos, contribuindo para a redução na intensidade das relações entre as pessoas, que buscam reduzir o risco a que poderiam estar submetidas, limitando-se a transitar por certos locais, evitando o uso de transportes coletivos e sair de casa à noite, realizando gastos extras com proteção em suas residências, além de muitas vezes buscar na aquisição e posse de armas em locais públicos uma alternativa para proporcionar a sensação de segurança necessária para viabilizar o seu dia-a-dia (Senasp).

Apesar das evidências mencionadas sobre o aumento dos índices de criminalidade e da ineficiência das ações por parte dos órgãos de segurança pública, em 2001, para combater o tráfico, o Brasil foi um dos países que aderiu ao Programa de Ação da Organização das Nações Unidas para o combate ao tráfico ilícito de armas pequenas e, até o momento, foi um dos países que apresentou mais avanços na implementação efetiva das metas propostas. Entre os avanços verificados, pode-se citar a formação de uma Comissão Parlamentar de Inquérito (CPI do Tráfico de Armas) destinada a investigar as organizações que fazem parte do tráfico de armas, e ainda o desenvolvimento da campanha nacional pelo desarmamento.

3. O conteúdo do filme

Com direção e roteiro de Andrew Niccol, O Senhor das Armas, foi produzido em 2005 nos Estados Unidos. O filme teve repercussão de destaque em virtude de sua temática polêmica e atual, já que é baseado na vida de um contrabandista internacional de armas que abasteceu as principais guerras do planeta entre os anos 1980 e 1990. Yuri Orlov, vivido pelo ator Nicolas Cage, é o protagonista desta obra cinematográfica. Yuri é um perdedor, que vive na sombra de sua família, todos ucranianos que moram nos Estados Unidos. É totalmente desprezado pela mulher que ama, Ava Fontaine, vivida por Bridget Moynahan. Tudo o que se refere a sua existência é desanimador e suas perspectivas futuras são tão desoladoras quanto tudo aquilo que ele já vivera.

O ponto de virada em sua vida é estranho e assustador. Orlov presencia um assassinato e percebe que juntamente com o cheiro de pólvora que ficara no ar, misturado ao vermelho intenso do sangue e a morte ali estampada, há grandes chances de se ganhar dinheiro... Afinal de contas, como ficamos sabendo a partir do próprio filme, as balas fabricadas para utilização nas famosas armas automáticas AK-47, de origem russa, já vitimaram mais pessoas ao redor do mundo do que as bombas atômicas lançadas sobre o Japão pelos norte-americanos na 2ª Guerra Mundial, o que demonstra um mercado, no mínimo, sempre movimentado.

Parado sobre milhares de cartuchos usados, o personagem de Nicolas Cage inicia o filme disparando uma frase que já deixa clara a moralidade de seu personagem: "Existem mais de 550 milhões de armas de fogo em circulação no mundo. É uma para cada doze pessoas no planeta. A única pergunta é: como armar as outras 11?" Em seguida, o espectador é apresentado a uma seqüência de créditos de abertura surpreendente e impressionante. Andrew Niccol nos leva a acompanhar toda a trajetória de "vida" de uma bala, desde a sua fabricação até o seu destino final, na cabeça de uma criança em algum país de terceiro mundo. É um momento brilhante e forte, tanto visual quanto conceitualmente.

É necessário destacar também que a escolha do intérprete de Yuri Orlov não poderia ter sido mais acertada. Além de ser um ator talentoso, Cage possui uma imagem extremamente bondosa com o público. Este fato é fundamental para que o espectador não sinta repulsa pelo personagem, o que seria fatal para o sucesso de O Senhor das Armas.

Orlov entra aos poucos em um mundo que é ao mesmo tempo muito excitante e realmente perigoso aos seus olhos. Suas vendas começam no mercado interno norte-americano como fornecedor do crime organizado ou de milícias particulares e acaba crescendo a ponto dele se tornar um "exportador" de armas. Não importa a Yuri saber quem serão as vítimas, o que importa é a existência de interessados e das mercadorias; e que, devido aos riscos desse potencial campo de trabalho, há lucros imensos a obter. Com seus vários anos de contrabandista internacional de armas, Orlov também conclui que os riscos e os lucros mantêm uma relação diretamente proporcional.

Durante o filme podemos perceber que mesmo sendo vulnerável, apesar de seus disfarces legais que tentam legitimar suas negociações, o protagonista encontra espaço para desfrutar da riqueza que acumula e que lhe proporciona ter tudo o que sempre sonhou, inclusive o amor da mulher por quem se apaixonara quando ainda era um fracassado.

Segundo os críticos, em seus trabalhos anteriores, Niccol havia se demonstrado melhor roteirista do que diretor, mas em O Senhor das Armas o realizador consegue atingir um equilíbrio entre as duas funções. O ponto alto da trama é a forma como ele disseca o mundo do tráfico de armas. Muito mais do que um projeto com carga dramática, a força da obra vem do fato de ser altamente esclarecedor a respeito de um assunto sobre o qual o espectador, possivelmente, pouco sabe.

Além de mostrar o funcionamento prático do tráfico, o roteiro é ousado, criticando as relações de poder entre os países e órgãos de segurança e a hipocrisia que as regem. A conversa final entre o personagem de Nicolas Cage e o policial interpretado por Ethan Hawke é emblemática nesse sentido, com o traficante acabando com qualquer ilusão que seu perseguidor tinha a respeito de justiça.

Entre tantas conclusões, a mais importante talvez seja perceber que em pleno século XXI, mesmo depois de todas as duras e claras lições que nos foram dadas ao longo da história da humanidade, a morte ainda é encarada como um grande e promissor negócio capaz de movimentar bilhões de dólares e que, em virtude disso, continua acontecendo com enorme regularidade. O espectador da obra passa a perceber isso de forma mais clara e entender muito sobre a indústria da violência que nos cerca.

4. O conteúdo no filme

O filme mostra a realidade escondida de uma das mais influentes indústrias da sociedade atual: a indústria armamentista. O que já é um assunto delicado e que gera inúmeras discussões éticas e embates jurídicos, se torna ainda mais polêmico e conturbado se analisado através da visão do mercado informal/ilegal do comércio de armas, o que é feito de forma quase didática em O Senhor das Armas.

A apresentação inicial do protagonista, Yuri Orlov (Nicolas Cage), um fracassado imigrante ucraniano, e a seqüência inicial na qual é mostrado todo o processo de fabricação, embalagem, venda, transporte e entrega de um dos seus 'produtos' mais cobiçados, uma bala do fuzil AK-47, já nos prepara para o que está por vir, uma descrição fria e realista do dia-a-dia de um empresário ilegal da indústria de armamentos.

O caminho percorrido por essa munição, entre o seu fabricante e o comprador, não acaba com o recebimento da encomenda. A verdade é que as balas chegam ao destinatário final que não é o comprador, mas a vítima. Já a partir desse momento somos forçados a pensar na primeira e talvez mais importante questão que o filme suscita: uma pessoa, uma empresa ou uma organização é responsável pelo uso que a sociedade faz de seus produtos? Ou como o protagonista, o seu negócio é apenas mais uma forma de ganhar dinheiro, a forma que ele achou de trabalhar, viver e ter sucesso?

Yuri não conseguiu encontrar seu lugar no mundo. Tem sonhos que não consegue realizar, não se conforma com a vida que tem, detesta o bairro que mora, não vê perspectivas de ter uma vida melhor e acredita que não vai ser através do restaurante decadente dos pais que vai conseguir tudo o que deseja. Acima de tudo, se sente incompetente, desencontrado, não acredita saber fazer nada direito, não se acha bom em nada. O envolvimento no ramo da venda ilegal de armas se dá inicialmente pela possibilidade de grandes ganhos financeiros, e a sua manutenção, pela sensação de que conseguiu ter sucesso em algo, a auto-realização.

A partir dos Estados Unidos o descendente de ucranianos parte para empreitadas que o levam à traficantes de drogas latino-americanos, à guerras civis africanas, aos violentos e prolongados conflitos religiosos no Oriente Médio e aonde quer que esteja se prenunciando uma guerra ou conflito, sem que para ele haja o menor julgamento de quem está com a razão ou não. Há apenas grandes lucros e em igual medida, enormes riscos.

Yuri também percebe que mesmo sendo vulnerável apesar de seus disfarces legais que tentam legitimar suas negociações, há espaço para desfrutar da riqueza que acumula para ter tudo o que sempre sonhou ao seu alcance, inclusive o amor da mulher por quem se apaixonara quando ainda era um fracassado, e o reconhecimento de fornecedores, clientes e até de concorrentes de que ele finalmente alcançou o sucesso e o reconhecimento.

Temos uma grande variedade de temas para ser discutido após assistirmos ao filme. Este é o tipo de filme com o qual não é preciso fazer força para levantar questões polêmicas e questionamentos críticos a respeito de variados assuntos. Há a sensação de que aquele contexto realmente está presente na realidade social que vivemos, só não sabemos se em maior ou menor grau do que o que é mostrado na ficção.

Para um contexto de análise crítica, podemos identificar vários aspectos a serem questionados a respeito da obra em questão. Em primeiro lugar há a questão ética mais abrangente, no que diz respeito às indústrias de produtos 'perigosos' ou que vivem numa fronteira entre a legalidade e o repúdio da sociedade. Suas relações com o poder muitas vezes permeadas por escândalos de corrupção, de fortes *lobbies* junto aos políticos. Suas relações conflituosas com os consumidores, que muitas vezes são usuários e críticos ao mesmo tempo, e finalmente as discussões com a sociedade em geral a respeito de liberdade pessoal e direitos individuais versus interesse coletivo.

Como pano de fundo, mas não menos interessante, há a discussão pessoal e mais íntima: a questão da motivação, das razões e das formas de agir e pensar que movem os seres humanos, em qualquer contexto, seja empresarial, político ou pessoal. São questões que perpassam julgamentos morais de toda a sociedade, comportamentos que são encorajados ou desencorajados, os ambientes em que eles são valorizados ou não e as conseqüências desse comportamento individual e coletivo observado na sociedade.

Sobre o tema principal da ética, que tem como objeto de estudo as ações humanas, podemos discuti-la sob os mais diversos ângulos: seja pelo lado pragmático de Yuri Orlov, que acredita só estar prestando um serviço que é necessário e não está matando ninguém; seja pela visão dos compradores das armas, na maioria das vezes ditadores, que acreditam estar lutando pelo melhor para seus países; seja pela visão da polícia que não consegue reunir provas para enquadrar essas atividades como ilegais e se vê frustrada por brechas na lei; e por fim, seja pela ética dos governos que muitas vezes mantém relações íntimas com a ilegalidade.

No decorrer do filme nos deparamos ainda com muitos aspectos que são temas tratados no nosso dia a dia, principalmente no mundo empresarial. O protagonista demonstra várias vezes ter habilidades e comportamentos valorizados nesse meio e passa por situações bem comuns para a maioria dos profissionais. Além de não ser o estereótipo de pessoa má e desumana, ele possui características que seriam facilmente encontradas na maioria das pessoas ditas 'de bem'.

Considerando o comportamento, podemos notar uma pessoa que tem foco no que sabe fazer melhor, que é a venda de armas, não tenta diversificar e nem entrar em outros negócios associados como contrabando e drogas, por exemplo. Possui uma forte auto-motivação, gosta do que faz, trabalha em grande parte pelo prazer em ser o melhor naquilo que escolheu. É calmo, concentrado e tem um bom relacionamento interpessoal e propensão ao risco, sabendo trabalhar sob pressão. Destaca-se ainda a habilidade de persuasão e negociação, uma vez que Yuri lida muitas vezes com compradores desconhecidos e perigosos. Ele é hábil em montar estratégias de distribuição dos seus produtos, conhece os aspectos legais e burocráticos do negócio, para poder encontrar suas brechas, sabe selecionar e contratar pessoas de confiança e que sejam capazes de realizar o serviço, muitas vezes em condições adversas.

O protagonista enfrenta situações típicas de qualquer negócio, estando sujeito a flutuações na demanda e nos preços dos seus produtos, tendo que ser maleável e adaptar-se às novas condições rapidamente, além de enfrentar a concorrência e os riscos existentes em qualquer negócio. Por fim, tem que lidar constantemente com forças governamentais que exibem a mesma dicotomia em qualquer mercado, por vezes ajudam os negócios e em outros momentos fiscalizam e restringem sua atuação.

Se conseguimos identificar tantos pontos em comum e tantas habilidades valorizadas nos mesmos atores que freqüentam o ambiente empresarial, qual a grande diferença entre um trabalho como o de Yuri Orlov para o de empresas com as quais lidamos diariamente como clientes, fornecedores ou funcionários? Será que a diferença é por ser uma indústria que mata milhares de pessoas por ano? A do cigarro, de bebidas, e até a de comida parecem matar tanto quanto. Será que é por ser um negócio ilegal, à margem do controle governamental? A pirataria de filmes, softwares e música também é, e mesmo assim encontramos uma grande complacência da sociedade com essas atividades.

Qual será então o ponto no qual o filme mais incomoda? Talvez seja justamente a semelhança que Yuri Orlov tem com todos nós, por ter uma família que ama e com a qual se importa, por ter uma empresa que precisa colocar pra frente, por gostar de fazer o que faz, por ser motivado e ser bom naquilo que se propôs a fazer e por demonstrar uma humanidade comum ao se preocupar com o irmão, com os pais e inclusive com o envolvimento do filho com armas, em uma cena que demonstra a dicotomia do personagem ao jogar no lixo um revólver de brinquedo.

Ao mesmo tempo em que conseguimos identificar traços positivos tão presentes na maioria das pessoas, também nos é apresentado o lado pragmático, frio e desprovido de maiores reflexões, do protagonista. Em seu entendimento, ele não 'aperta o gatilho', não mata ninguém, apenas fornece um produto, que se não fosse provido por ele, seria por outro qualquer. Com o seu pragmatismo, analisa ainda que o retorno do seu negócio é muito maior do que outros semelhantes, mas legais, quando resolve, por pressão de sua esposa, se afastar da ilegalidade e montar uma empresa que lida com produtos legais. Chega a conclusão que a concorrência é muito grande e que "já existe muita gente explorando os países pobres" no mundo empresarial.

Será então que o que incomoda é essa visão pragmática que Yuri tem da vida e dos negócios e com a qual nos identificamos muitas vezes no nosso dia-a-dia? Incomoda o fato de conhecemos diversas pessoas (amigos, chefes, donos de empresas) que pensam exatamente como ele pensa, mas que trabalham em indústrias que teoricamente não causam tantos danos como a dele? Será que não nos incomoda sabermos que a maioria de nós é consumidora e conseqüentemente apoiadora de indústrias tão ou mais perigosas como a da bebida e do cigarro?

É óbvio que ver uma pessoa morrendo diretamente, de forma brutal, mesmo que seja em outro país, em outro continente, gera sempre um sentimento negativo, um mal estar, talvez por isso a indústria armamentista, quando retratada de forma crítica, seja a que mais choca, que mais nos faz pensar e que mais nos revolta, pois a suas conseqüências são imediatas, estão presentes a todo momento, podem atingir a qualquer um, a qualquer momento. E a sua principal conseqüência atenta de imediato contra o mais básico dos direitos humanos, o direito a vida.

5. Nota de Aula

Neste item apresentamos o conteúdo de uma nota de aula, que poderá contribuir para a exploração do filme em usos educacionais.

5.1. Argumento do filme

O Senhor das Armas relata a vida de Yuri Orlov, no início, tido como um total perdedor. Sua vida passa por uma virada e ele se torna um traficante internacional de armas que abastece as principais guerras do planeta entre os anos 1980 e 1990. O diretor deixa bem claro que Orlov não está interessado em saber quem serão as vítimas dos produtos por ele vendidos, já que é um fato para ele a existência de mercadorias e interessados e que, devido aos riscos desse potencial campo de trabalho, há lucros imensos a obter. Dessa forma, o filme mostra a realidade camuflada em uma das mais influentes e poderosas indústrias da sociedade atual: a armamentista. As discussões éticas e os embates políticos e jurídicos podem ser observados de forma quase didática na referida obra cinematográfica.

5.2. Utilização recomendada

O filme se aplica a mais de um nível acadêmico, podendo ser aplicado em cursos de graduação ou pós-graduação, e em disciplinas como: ética nos negócios, teorias da administração, sociedade e consumo, tópicos de gestão contemporânea, comércio exterior, entre outras... Os objetivos educacionais podem ser:

- Debater as conseqüências das ações de traficantes no mundo e no Brasil;
- Debater as conseqüências das ações especificamente da indústria armamentista no mundo e no Brasil;
- Ilustrar as relações éticas presente na citada indústria e nos governos;
- Analisar de forma crítica os interesses governamentais que têm relação com essa indústria;
- Debater as relações de poder entre governos e empresas.

5.3. Indicações para coleta de anotações

Como forma de facilitar o debate após a exibição do filme, é recomendável que sejam anotados detalhes sobre os seguintes pontos:

- Os dados estatísticos relacionados a indústria armamentista desenvolvendo sua opinião a respeito dos consumidores dessa indústria;
- Os elementos da crítica às ações de governamentais;
- Alguns dos males causados pela prática de mercado em relação à questão ética;
- Indicações de críticas das relações de poder relatadas na obra.

5.4. Pontos relevantes

Alguns aspectos que podem, adicionalmente, servir de tópicos de debate na discussão do conteúdo, após a exibição do filme, estão anotados a seguir.

- No início, percebe-se a grandiosidade da indústria armamentista em termos financeiros e das vítimas a ela relacionadas;
- Independente da missão e visão das organizações, seu foco principal é o lucro adquirido a partir das vendas de seus produtos e serviços, independente de quais sejam eles;
- O alcance da realização pessoal pode estar acima de toda a moral comum;
- As relações de poder se sobrepõem as leis básicas internacionais;
- Interesses individuais versus interesses coletivos.

5.5. Questões para trabalho de grupo

A seguir sugerimos algumas questões que podem servir de base para debates em pequenos grupos. A disposição de tempo pode determinar quantas e quais podem ser usadas em cada situação.

- Uma pessoa, uma empresa ou uma organização é responsável pelo uso que a sociedade faz de seus produtos ou serviços?
- As guerras mantidas à custa dessas armas e toda a destruição material dos países onde acontecem tem custos elevadíssimos. Sem todos esses detonadores de vidas e recursos materiais o que se poderia proporcionar às populações que vivem nessas localidades devastadas?
- Como entender as conseqüências trazidas pela indústria de armas para o nosso país e nosso estado?
- Em que a indústria armamentista ilegal se iguala e/ou se diferencia das indústrias legalizadas?
- Em termos de práticas e teorias, como o filme pode contribuir para a administração, em sua forma mais ampla?

5.6. Método recomendado

As atividades relacionadas ao filme devem transcorrer em 4 horas-aula (200 minutos). Recomendam-se duas possibilidades:

Atividade	Tempo (min.)
ALTERNATIVA 1	
1. Debate preliminar sobre os impactos da indústria armamentista	15
2. Solicitar que o filme seja visto em casa, ou expor em sala de aula	130
3. Direcionar a formação dos grupos e apresentar as questões de debate	45
4. Margem de segurança de tempo	10
ALTERNATIVA 2	
1. Debate preliminar sobre os impactos das ações das empresas	25

2. Expor em sala de aula uma parte do filme	60
3. Fazer um resumo oral do filme (junto com o grupo)	15
4. Conduzir o debate, a partir dos pontos relevantes	45
5. Direcionar a formação dos grupos e apresentar as questões de debate	45
6. Margem de segurança de tempo	10

Para o debate preliminar, as seguintes questões podem ser colocadas (a extensão do debate depende da alternativa definida):

- Como podemos avaliar a o tráfico e o comércio ilegal na sociedade atual?
- Como podemos avaliar a presença da indústria armamentista na sociedade atual?
- Quais as convergências e divergências entre a indústria de armas e as outras (legais ou não) presentes em nossa sociedade?
- Qual o papel que exerce e qual a verdadeira função dos governos, no que diz respeito as relações internacionais, nas relações de poder na indústria estudada?

6. Referências

AGÊNCIA de Informação Frei Tito para América Latina - Adital. Avaliação sobre armas. Disponível em: <www.adital.org.br>. Acessado em: 21 out. 2008.

CAMARA dos Deputados. Comissão parlamentar de inquérito sobre organizações criminosas do tráfico de armas. Disponível em: <www.soudapaz.org/Portals>. Acessado em: 31 out. 2008.

INSTITUTO Brasileiro de Geografia e Estatística – IBGE. Atividade–Brasil. Disponível em: <www.ibge.gov.br>. Acessado em: 21 out. 2008.

MINISTÉRIO da Justiça – MJ. Custo da violência. Disponível em: <www.mj.gov.br>. Acessado em: 21 out. 2008.

_____. Análise da Incidência das Ocorrências Registradas Pelas Polícias Civis no Brasil 2001/2003. Disponível em: <http://www.mj.gov.br/senasp>. Acessado em: 21 out. 2008.

_____. Custos sociais e políticos da criminalidade. Disponível em: <www.mj.gov.br>. Acessado em: 21 out. 2008.

Outros sites:
http://cinema.cineclick.uol.com.br/cinemateca.
http://www.adorocinema.com.br.
http://www.cineplayers.com.

Capítulo 5 - Syriana

Davi Montefusco de Oliveira
Leonel Góis Lima Oliveira

1. Introdução

Neste início de século ainda é elevada e crescente a demanda de energia de baixo custo, e a disponibilidade de recursos de hidrocarbonetos e afins ainda seguem colocando o petróleo como uma importante fonte não-renovável da matriz energética mundial para as próximas décadas do século XXI. No caso do filme *Syriana*, o qual aborda o universo da indústria do petróleo, podem-se encontrar, em seus meandros, verdadeiras lições de teorias econômicas, além de direcionamentos sobre como o dinheiro sustenta e rege todos os fatores desta indústria. Neste caso, vislumbra-se, inclusive, que são os chamados petrodólares que podem decidir, em muitos casos, uma possível sucessão de um governo árabe e podem também, indiretamente, incentivar o terror e o comércio ilegal no que diz respeito ao mercado petrolífero e suas nuances.

E é neste contexto que este capítulo se insere, sendo apresentado de acordo com a seguinte estrutura: discussão teórica, com a apresentação e a contextualização de fatores inerentes à indústria petrolífera propalada em maiores detalhes durante a trama; conteúdo do filme, com indicações sobre o roteiro e uma síntese da obra e aspectos inerentes a sua ficha técnica; conteúdo no filme, com a descrição e a discussão acerca de algumas cenas mais relevantes, com ênfase nas temáticas da área de Administração; e, por fim, a nota de aula, com direcionamentos sobre como o filme pode ser abordado em sala de aula.

2. Discussão teórica

Cada vez mais, as grandes empresas que constituem o mercado internacional têm se preparado para um cenário futuro com menor oferta de petróleo. Desde então e cada vez com maior freqüência, diversas discussões realizadas nas empresas e no meio acadêmico já vêm sinalizando mudanças, ainda que sutis, no cotidiano das pessoas. Para se ter uma ideia da criticidade e da relevância desta temática, uma reportagem publicada na revista Exame, ainda no ano de 2004, dava conta que grandes países consumidores de petróleo, como o Japão, desde então já vinham estudando novas técnicas e buscando outras medidas para reduzir o consumo de combustível fóssil, prevendo esse período de incertezas quanto à garantia de seu suprimento.

Por conta disso, não é à toa que vários países, incluindo aqui o próprio Brasil, estejam investindo ainda mais na ampliação de suas redes de gás natural. Além disso, diversas montadoras multinacionais continuam apostando em combustíveis alternativos, e os novos modelos de veículo já detêm um bom sucesso comercial em diversos segmentos.

No caso específico do Brasil, deve-se levar em consideração também, de uma forma mais intensa, a questão do biodiesel. Por ser considerado uma das principais lideranças mundiais nesse setor de combustíveis alternativos, a nação brasileira tem se encontrado, por diversos momentos, no centro dos debates e das reuniões quanto a essas questões. Tanto é que, durante boa parte do governo norte-americano de George W. Bush já estavam se constituindo algumas perspectivas de entendimentos (ou acordos) com relação ao programa do álcool (etanol).

De acordo com notícias recentes, publicadas no Portal Exame, existem fortes predisposições de que, com a entrada de Barack Obama na presidência dos EUA, a tendência é que discussões desse tipo prossigam ainda mais, com o intuito de que ambos os países possam constituir uma espécie de liderança participativa ante toda a região, em prol desse esforço em se conquistar alternativas efetivas para as carências energéticas mundiais, cada vez mais eminentes.

Tudo isso, porém, ainda não coloca em xeque o petróleo e o seu uso. O problema maior, de acordo com o Centro de Estudos de Petróleo, é que, diante de tantas novas alternativas que surgem, em termos energéticos, fica cada vez mais evidente a importância estratégica da atividade de exploração na geração de novos prospectos visando a manutenção das vantagens competitivas das empresas de petróleo, na tentativa de atender a demanda deste bem mineral para os diversos mercados.

No Brasil, desde a quebra do monopólio da empresa estatal Petrobrás em 1997, dezenas de empresas estrangeiras do setor de petróleo desembarcaram no país, e embora não seja tão significativa a quantidade de petróleo descoberto por elas, já houve um aumento expressivo da capacidade de exploração. Além disso, sob a pressão dos concorrentes, a estatal brasileira se saiu bem e melhorou seus indicadores. Com isso, pela primeira vez na história, a auto-suficiência na produção de petróleo pôde, enfim, tornar-se algo real para o contexto nacional.

Outra mudança nessa área refere-se às novas estratégias que foram colocadas em funcionamento nesses últimos anos. Isso porque, há um bom tempo, o governo brasileiro vinha se esforçando para criar um mercado realmente competitivo de petróleo no país, e uma das principais medidas nessa área foi deixar o preço do produto flutuar de acordo com o mercado, e não segundo a orientação da política econômica. Nada mais correto, se pensarmos no fato de que, em várias outras nações tidas como desenvolvidas, o petróleo já vem sendo encarado como uma *commodity* qualquer, seguindo o dinamismo inerente ao próprio mercado. Nesse âmbito, o Brasil parece, enfim, ter superado essa discussão, até porque, segundo os defensores da economia de mercado, em casos assim, a empresa tem, realmente, de ser tratada como outra qualquer. Para tanto, deve modernizar-se, disputar mercados e gerar a maior lucratividade possível.

3. O conteúdo do filme

No seu contexto completo, *Syriana* tenta tocar as extremidades do mercado petrolífero. Dessa forma, o filme analisa como a indústria do petróleo, para se sustentar, precisa da própria estrutura de poder capitalista. Isso porque somente com esta força em mãos, será possível continuar exercendo todo o seu domínio diante das diferentes partes do planeta que, direta ou indiretamente, fazem parte desse negócio.

Além de tudo, com toda a trama e cenários criados no filme, fica ainda mais evidente o quanto que o petróleo, por si só, movimenta em termos de dinheiro e de negócios ao redor de todo o mundo. E dentro dessa conjuntura, inserem-se desde políticos até príncipes, espiões, trabalhadores, terroristas e afins, em um complexo entrelaçamento de crimes, negociatas, corrupção governamental, interesses sobre questões energéticas, e até mesmo terrorismo internacional.

Diante de tais aspectos e sendo considerado como um verdadeiro *thriller* geopolítico, *Syriana* tem, logo de cara, um fator que chama bastante atenção no seu enredo: o fato do seu roteiro conseguir entrelaçar nada menos do que cinco histórias simultâneas, que praticamente só vão se unir e se encaixar quase no final da história. Por conta disso, parece ficar claro que não foi à toa o fato do filme ter sido indicado ao Oscar, na categoria de melhor roteiro original.

Sendo assim, vale enumerar aqui quais são os meandros principais de cada uma dessas cinco tramas. A primeira delas remete-se ao papel interpretado por George Clooney (cuja interpretação lhe rendeu o Oscar de melhor ator coadjuvante), um agente veterano da CIA, chamado Bob Barnes, que após trabalhar por várias décadas no Oriente Médio, começa a suspeitar dos reais motivos obscuros e escusos de muitas de suas missões.

A segunda delas envolve a questão da fusão entre duas companhias de exploração de petróleo (a Connex e a Killen), a qual acaba levantando suspeitas do Departamento de Justiça dos EUA quanto a real correção e lisura dos seus procedimentos.

Já a terceira, envolve o personagem do ator Matt Damon, chamado Bryan Woodman, um consultor de um programa de televisão em Genebra, que começa a ter sua vida abalada quando ele e sua família entram para o círculo do dinheiro e da influência dos grandes xeiques produtores de petróleo do Oriente Médio.

A quarta trama envolve a questão do príncipe Nasir Al-Subaai, tido como um provável sucessor de um importante emir de uma nação árabe fictícia. Ocorre que, com seus ideais reformistas, Nasir vai querer para si o controle do petróleo, quando assumir o governo, dispensando acordos com os EUA, demonstrando ser essa a sua maneira de sonhar com um país muçulmano mais justo e menos explorado pelas grandes potências. Assim, por conta dessa sua visão humanista, ela acaba tornando-se um empecilho à política norte-americana e também às multinacionais petrolíferas que ali negociam constantemente.

Finalmente, a quinta trama envolve um personagem chamado Wasim Ahmed Khan, um emigrante paquistanês que, após perder o emprego em uma refinaria (por conta da fusão entre as duas companhias abordadas nos parágrafos anteriores), e sem maiores perspectivas de vida, acaba enveredando para um perigoso fundamentalismo religioso, ligado (supostamente) ao terrorismo.

Com tudo isso, está montada toda a teia do filme. Esse encadeamento todo caberia muito bem numa lição de geopolítica, até porque a ação do filme passeia por dezenas de cidades e países, incluindo Washington, Houston, Genebra, Paris, Berlim, Londres, Tel-Aviv, Beirute, Cazaquistão e vários locais do Oriente Médio. Todavia, mesmo que os nomes e as nações sejam fictícios, é fácil achar um correlato real para cada um deles. O emirado, por exemplo, poderia muito bem ser considerada a Arábia Saudita. O próprio nome *Syriana*, que não é, de fato, explicado no filme, pode ser usado tanto para se referir à própria Síria (enquanto nação) como também para referir-se a qualquer outro país do Oriente Médio que esteja ligado à essa temática do petróleo.

Nesse caso, um detalhe interessante a ser notado é o fato de que, quem não tiver um conhecimento razoável da situação atual daquela região, incluindo os conflitos entre seus inúmeros grupos político-religiosos, e de como funciona o mercado das fusões nos EUA, pode acabar tendo algum tipo de dificuldade em acompanhar e compreender alguns detalhes da trama.

Quanto à conclusão do filme, a ideia que fica é sempre a mesma. O mundo está em constante guerra, e parece que são os corruptos que estão sempre ganhando as batalhas ao redor do mundo. Assim, a mensagem que fica, no fundo, é a de que, independente de qual nome leve, alguém mais poderoso sempre tratará de manipulá-lo em prol de seus próprios interesses, sejam eles políticos ou comerciais.

4. O conteúdo no filme

As obras cinematográficas de orientação crítica sempre estiveram presentes no cinema, porém o foco em indústrias específicas foi algo mais recente. Tudo parece ter começado com o filme *O Senhor das Armas*, que retrata o comércio mundial de armamentos através do personagem interpretado por Nicolas Cage, emigrante ucraniano aos EUA, negociador de armas e munições em escala mundial, íntimo de militares, políticos e grandes empresários. Outro bom exemplo é o *Jardineiro Fiel*, que desvenda a poderosa indústria farmacêutica e a sua prática de se utilizar de africanos como cobaias baratas para os testes com seus novos medicamentos.

Nessa mesma linha, pode-se dizer que *Syriana* é um verdadeiro alerta para aqueles que ainda acreditam no papel humanitário-democratizador dos EUA junto aos povos do Oriente Médio. Diante de várias questões que vão sendo colocadas ao logo do filme, percebe-se que a manipulação, a distorção, as mentiras e a corrupção são palavras banais dentro deste negócio no qual se insere a indústria do petróleo.

Além disso, o que fica bastante claro é que neste mundo dos negócios promovidos pelas grandes corporações multinacionais, ninguém sai limpo ou mesmo ileso. E as conseqüências de tudo isso serão, a médio e longo prazo, catastróficas para a humanidade. Tal fato é bem exemplificado no filme, no momento em que se acompanha a trajetória do emigrante paquistanês Wasim que, demitido do seu emprego e sem qualquer esperança de um futuro melhor, acaba abraçando a causa do terrorismo contra aqueles que eles consideram como sendo o inimigo maior do seu povo.

Nesse momento, surgem diversos questionamentos, tais como: de que serve haver justiça, se ela está para servir os interesses de alguns? Onde é que entram os verdadeiros valores morais e éticos intrínsecos à pessoa humana, quando a política dos interesses comerciais dos mais poderosos é aquela que, de fato, impera?

Dentre os diálogos do filme que transmitem focos da nossa realidade e que chegam a impressionar, destaca-se certo momento da trama em que é falada a seguinte frase: "enquanto o Oriente Médio estiver um caos, nós estaremos lucrando", algo que resume perfeitamente o jogo de interesses que impera nesse ramo.

Acaba mostrando-se com clareza o fato de que, quando os interesses econômicos norte-americanos se encontram ameaçados, eles logo se revelam como os maiores algozes da ideologia que tanto professam. Mas, o que dizer de um Estado que prega a democracia e suas instituições quando no momento da escolha em apoiar um herdeiro com ideias progressivas (parlamento, sufrágio feminino, etc.) ou seu irmão corrupto (defensor da maneira como os negócios petrolíferos são feitos), eles escolhem justamente este último?

Outro ponto que também chama atenção em *Syriana*, é a interferência direta do governo dos EUA, através da CIA, nos negócios realizados na região. Isso porque seus agentes atuam de todas as formas possíveis para garantir que somente as empresas americanas fechem negócios no Golfo Pérsico, nem que para isso eles precisem torturar ou matar qualquer um que se coloque no seu caminho.

Ademais, a corrupção também está presente do começo ao fim do filme. Tanto o Estado norte-americano, quanto o seu sistema jurídico e parlamentar, são duramente criticados.

Afora isso, o filme também mostra como os EUA exploram as várias interpretações possíveis do Alcorão em seu favor, satanizando os grupos que professam aquelas ideias que se chocam com seus interesses, e se aliando aos mais moderados, os quais, certamente são mais submissos a aceitar suas diversas imposições.

Outro detalhe a ser ressaltado, é o fato de que existe certa amoralidade que permeia o ambiente, durante todo o filme, e, ao que parece, essa ausência de moral tem como origem a própria desestruturação do núcleo familiar. Ademais, a sobreposição (ou não) dos interesses públicos ante aos individuais, também se tornam de grande relevância quando se entra no contexto da ética empresarial dentro dos negócios. Desta feita, o filme parece buscar retratar essa complexidade dos tempos atuais, no qual a linha entre o certo e o errado é cada vez mais tênue, especialmente quando se toca em questões relativas à própria moral, à ética, e também aos atos de corrupção.

Mas, independente de todas essas dimensões, pode-se dizer que diversos detalhes também fazem o filme ser recheado de fatos subliminares, que nos fazem refletir sobre certas questões. E até mesmo por conta desse emaranhado de detalhes e posicionamentos, o enredo de *Syriana* acaba, às vezes, tornando-se confuso e de difícil compreensão, cabendo ao espectador uma interpretação individualizada de certas partes.

Sendo assim, entende-se que *Syriana* é, acima de tudo, a valorização do conteúdo sobre a forma. Desta vez, parece que decidiu-se abrir os olhos em vez de apenas desviar o olhar, como tantas vezes se fez em outras obras com perspectivas e objetivos aparentemente semelhantes. Graças a este fato, o filme acaba tendo uma dupla missão de não só cumprir os requisitos básicos de um filme de denúncia, mas também conseguir projeção e destaque suficiente para convencer o público de que aquilo que se está a passar é realmente sério.

Diante de todas essas exposições, pode-se dizer que *Syriana* trata-se de um filme denso, capaz de gerar múltiplos e importantes debates, e que consegue fugir da tentação de fornecer respostas fechadas a questões abertas. Tem-se, assim, uma grande variedade de temas e questionamentos para serem discutidos após assistirmos ao filme, conforme destacaremos mais adiante, com maior ênfase.

Neste caso, a ética e as relações de poder durante as negociações, são exemplos a serem destacados, principalmente no que diz respeito às indústrias de produtos como o petróleo. Inclui-se aqui, inclusive, suas relações com o poder, muitas vezes permeadas por escândalos de corrupção e de fortes *lobbies* junto aos políticos, além das suas relações conflituosas com seus consumidores finais e seus revendedores, e também as discussões com a sociedade em geral a respeito de liberdade pessoal e dos direitos individuais versus o interesse coletivo.

Ademais, há também a discussão pessoal, a questão da motivação, das razões e das formas de agir e pensar que movem os seres humanos, em qualquer contexto, seja empresarial, político ou mesmo pessoal. Questões essas que perpassam julgamentos morais de toda a sociedade, comportamentos que são encorajados ou desencorajados, os ambientes em que eles são valorizados ou não e as conseqüências desse comportamento individual e coletivo observado perante a sociedade.

No decorrer do filme nos deparamos, ainda, com diversos outros aspectos que são temas tratados no nosso cotidiano, principalmente no mundo empresarial. O fato de se trabalhar com uma indústria tão volátil como o é a petrolífera, estando sujeito a flutuações na demanda e nos preços dos barris, tendo que ser maleável e adaptar-se às novas condições rapidamente, além de enfrentar a concorrência que existe em qualquer outro negócio, com os riscos inerentes a tais demandas, nos fazem perceber e vislumbrar variadas demonstrações de habilidades e comportamentos valorizados nesse meio, através de situações que são bem comuns para a maioria dos profissionais.

Diante de tudo que já foi discutido até aqui, qual será, então, o ponto onde o filme mais incomoda? Talvez seja justamente o fato de ilustrar até onde a ética empresarial e as redes de relacionamentos têm validade nos processos de negociação de uma área tão complexa e disputada como a do mercado energético, na qual o petróleo encontra-se inserido. Ou talvez seja o apontamento e os possíveis debates que surgem com relação às conseqüências sociais e ambientais das ações das grandes empresas do setor petrolífero perante a sociedade como um todo.

5. Nota de Aula

Neste item apresentamos uma nota de aula, que poderá servir de base para a exploração do filme em usos educacionais.

5.1. Argumento do filme

Tendo sido escrito e realizado por Stephen Gaghan, *Syriana* é um filme trata uma intricada rede de relações em que se movem todos os personagens do enredo, tudo no entorno das disputas dentro do mercado petrolífero. Aborda-se a dependência norte-americana do petróleo do Oriente Médio e a interferência americana na (re)formulação e (re)estruturação ideológica e política desta região. O filme retrata a fragilidade e a ambigüidade das relações entre agentes empresariais e estatais em torno das questões de econômicas e políticas da região.

5.2. Utilização recomendada

O filme se aplica a cursos de graduação da área de negócios, de modo especial em Administração. Em termos de disciplina, o texto pode ser usado principalmente em Gestão de energia, comércio internacional, podendo ser útil também em Tópicos avançados em Administração. Os objetivos educacionais podem ser os seguintes:

- Ilustrar o mercado energético (especificamente o petrolífero) e os impactos da globalização nos negócios;
- Apontar e compreender como funciona a rede de relacionamentos nos processos de negociação;
- Demonstrar como as injustiças sociais podem ser uma das principais causas de ódio em todos os níveis;
- Apontar e debater as conseqüências das ações das grandes empresas do setor petrolífero na sociedade;
- Debater questões relacionadas à ética, responsabilidade social e desenvolvimento sustentável na produção e no consumo de produtos e serviços;
- Ilustrar o discurso crítico do debate atual de gestão empresarial e teorias das organizações;
- Analisar de forma crítica os interesses governamentais que têm relação à indústria do petróleo;
- Debater as relações de poder entre governos, empresas e sociedade.

5.3. Indicações para coleta de anotações

Para facilitar o debate após a exibição do filme, é recomendável que sejam anotados detalhes sobre os seguintes pontos:
- Os males causados pela atuação das empresas de petróleo ao redor

do Brasil e do mundo;
- As práticas imorais e antiéticas realçadas no filme;
- As críticas sobre as melhores formas de se agir em processos de negociações;
- A ilustração da presença e da forma de atuação das grandes empresas petrolíferas na sociedade atual;

5.4. Pontos relevantes

Apresentamos a seguir alguns aspectos que podem servir de tópicos de debate na discussão do conteúdo após a exibição do filme:
- A grandiosidade da indústria petrolífera em diversos termos e formas de abordagem;
- O alcance da realização pessoal está acima (ou não) de toda a moral comum ante a sociedade;
- As relações de poder durante as negociações se sobrepõem as leis básicas internacionais e aos próprios princípios éticos;
- Sobreposição (ou não) dos interesses individuais diante dos interesses coletivos.

5.5. Questões

Algumas questões que podem servir de base para debates em pequenos grupos estão apontadas abaixo. A disposição de tempo pode determinar quantas e quais podem ser usadas em cada situação:
- Como entender as conseqüências trazidas pelo mercado energético e pela indústria petrolífera para o nosso país e para o nosso estado?
- Em termos de práticas e teorias, como o filme pode contribuir para a administração, em sua forma mais ampla?
- Uma organização ou um mercado específico podem ser considerados responsáveis pela forma de uso e pelas conseqüências acarretadas diante daquilo que a sociedade faz com os seus produtos ou serviços?
- Como o filme pode contribuir para a administração, em termos de prática e de teoria gerencial?

5.6. Método recomendado

A atividade relacionada ao filme deve perpassar 4 horas-aula (210 minutos). Recomendam-se duas possibilidades:

ATIVIDADE	TEMPO (min)

ALTERNATIVA 1	
1. Debate preliminar sobre gestão de energia e globalização	15
2. Solicitar que o filme seja visto em casa, ou expor em sala de aula, optando-se pela forma que melhor convenha	125
3. Fazer um resumo oral do filme	10
4. Direcionar a formação dos grupos e apresentar as questões de debate a serem trabalhadas	50
ALTERNATIVA 2	
1. Debate preliminar sobre gestão de energia e globalização	10
2. Expor em sala de aula algumas partes do filme	60
3. Conduzir o debate, a partir dos pontos relevantes	60
4. Direcionar a formação dos grupos e apresentar as principais questões de debate	60
5. Margem de segurança de tempo	20

Para o debate preliminar, as seguintes questões podem servir de ponto de partida, além das questões anotadas nos itens anteriores:

- Como podemos perceber a presença da indústria petrolífera na sociedade brasileira atual?
- Quais as conseqüências da manutenção do petróleo na matriz energética internacional?
- No mundo empresarial, os fins justificam os meios?

6. Referências

EXAME. *O Brasil no novo mundo do petróleo. Revista Exame*, São Paulo, Editora Abril, a. 38, ed. 830, 08 de novembro de 2004.

FURTADO, A. T. *Mudança Institucional e Política Industrial no Setor Petróleo.* Disponível em: <http://www.comciencia.br/reportagens/petroleo>. Acessado em: 10 nov. 2008.

UNICAMP. *Projeto de Monitoração das Incertezas na Exploração e Produção*. Centro de Estudos de Petróleo, Instituto de Geociências, Laboratório de Análises Geoeconômicas de Recursos Minerais, Unicamp, 2002. Disponível em: <www.ige.unicamp.br >. Acessado em: 09 nov. 2008.

Sites:

http://www.adorocinema.com.br.
http://cinema.cineclick.uol.com.br/cinemateca
http://www.cinepop.com.br
http://www.cinereporter.com.br
http://www.omelete.com.br/cine/
http://portalexame.abril.com.br/internacional/

Capítulo 6 – O Jardineiro Fiel

Flavia Plutarco
Renata Gradvohl

1. Introdução

O Jardineiro Fiel retrata a estória de amor de Tessa e Justin, e a conspiração a qual se envolvem ao buscarem desvendar alguns malefícios causados pela indústria farmacêutica, em detrimento a tornar viável a liberação de seus medicamentos e a sua lucratividade. O filme discute as práticas desta indústria em viés crítico, o que o insere no contexto deste livro.

Dessa forma, este capítulo mantém a estrutura já trabalhada com:primeiro temos uma visão geral da indústria farmacêutica, discutindo sua importância econômica e social no Brasil e no cenário internacional, bem como as críticas sobre o comportamento ético de algumas empresas do setor, em seguida tem-se o conteúdo do filme, com uma síntese da obra; o conteúdo no filme segue com a descrição da relação entre o filme e as temáticas da área de Administração; e, por fim a nota de aula é apresentada.

2. Uma primeira visualização

A indústria farmacêutica tem como função final produzir medicamentos para o tratamento de doenças, assim como também para outras indicações médicas. A sua atividade baseia-se, de uma forma geral, em um processo que contempla quatro etapas principais: a) pesquisa e desenvolvimento de novos medicamentos (P&D); b) produção industrial destes; c) formulação e processamento final dos medicamentos; e d) comercialização e distribuição dos produtos. Esta última etapa é realizada por meio de farmácias e outros meios de intermédio com o cliente (FRENKEL *et al.*, 1978).

Na primeira etapa deste processo está concentrada a grande arma das indústrias farmacêuticas diante da concorrência. Segundo afirma Gadelha (1990), as maiores empresas farmacêuticas destinam de 10% a 20% de seu faturamento para a função de P&D (acredita-se que atualmente o investimento seja o mesmo). Ferreira (2009) reafirma isto, indicando que a indústria farmacêutica mundial é a que mais investe em pesquisa e desenvolvimento, estando à frente, inclusive, de outras indústrias, como a de informática e a de produtos eletrônicos.

Esta etapa de P&D, de fundamental importância para este setor, envolve desde a procura e escolha de princípios ativos para novos medicamentos até o seu desenvolvimento, incluindo também as fases de testes que avaliam a sua real eficácia, toxicidade e possíveis efeitos colaterais. A partir de então, a empresa farmacêutica detém a patente do medicamento por ela desenvolvido, sendo esta a principal forma de barreira deste setor diante da competitividade (PAVITT, 1984). Somente depois de expirada a patente, os produtos podem sofrer a concorrência dos genéricos e similares, fazendo com que a busca de novos produtos seja alvo das empresas farmacêuticas, a fim de preservarem seu poder competitivo.

As atividades de marketing também se fazem presente de maneira intensa no setor farmacêutico. As empresas investem cerca de 40% do valor da produção, conforme diz Gadelha (1990), neste tipo de atividade, que envolve desde a manutenção de uma rede de propagandistas que visitam médicos e hospitais com o intuito de persuadi-los a prescrever seus medicamentos, até o financiamento de congressos e a mobilização da mídia.

O governo de cada país é também um agente importante ligado ao setor farmacêutico, tendo em vista que aquele é o responsável por reger as políticas governamentais e a regulamentação do mercado. Além disso, o governo tem uma função de garantir que os medicamentos produzidos sejam, de fato, adequados para o uso da sociedade (BENNET; QUICK; VELÁSQUEZ., 1997).

No Brasil, a indústria farmacêutica é dominada, em grande parte, por empresas multinacionais, que concentram cerca de 80% do mercado nacional (QUEIROZ, 1993). No mais, grande parte da produção nacional é voltada para abastecer o mercado interno, tendo as exportações uma importância menos significativa que as importações no país (CALLEGARI, 2000). Entretanto, como relata Ferreira (2009), as exportações dos produtos da indústria farmacêutica no Brasil aumentaram 60% entre 2000 e 2004, continuando ainda com uma expectativa de crescimento posterior. Apesar deste aumento, ainda há um grande déficit na balança comercial brasileira neste setor, devido o fato das importações superarem bastante o nível das exportações.

Com o objetivo de fortalecer o setor farmacêutico no Brasil, o Governo Federal criou em 2004 o Programa Setorial de Fortalecimento da Cadeia Produtiva Farmacêutica – PROFARMA – possuindo este, três linhas de atuação: a primeira com foco na produção, a segunda objetivando o fortalecimento de empresas nacionais; e a terceira, focando pesquisa, desenvolvimento e inovação. Dentre os principais objetivos deste programa encontra-se: a) explorar a biogenética e as biodiversidades brasileiras; b) atrair investimentos produtivos para o país; c) apoiar formações de grandes grupos nacionais; d) fazer a divulgação dos produtos brasileiros no exterior e apoiar a pesquisa e o desenvolvimento; e, e) aumentar a produção industrial brasileira (FERREIRA, 2009).

Apesar dos números favoráveis à indústria farmacêutica, ela é alvo de diversas críticas devido a acusações de que empresas e laboratórios do setor estão envolvidos em verdadeiros escândalos. Insinuações de que são fabricados e comercializados medicamentos que não possuem o intuito de curar doenças de uma forma definitiva, mas sim, de atenuar os sintomas, acarretando efeitos secundários que provocam outras doenças e propiciam, portanto, o uso de mais medicamento, são exemplos de escândalos que afloram este setor.

Além destes, tal como foi mostrado no filme *O Jardineiro Fiel*, indústrias farmacêuticas são acusadas de utilizarem a população pobre da África como cobaias para testes de medicamentos recém-criados em troca de um suposto auxílio médico. O problema disto consiste no fato de que, muitas vezes, estes medicamentos provocam um efeito imprevisto no paciente, podendo, inclusive, acarretar a morte do mesmo. Quando isto acontece, a empresa comunica à família o falecimento do parente por alguma doença comum na região, como tuberculose, e retira todos os registros desta pessoa dos hospitais em que ela esteve internada, a fim de deletar todas as possíveis provas da experiência sem êxito.

O livro *O jardineiro fiel* de John Lê Carré, adaptado para o cinema por Fernando Meirelles, inclusive, foi inspirado em uma ação judicial que o governo da Nigéria apresentou contra um grupo farmacêutico americano, após a morte de diversas crianças, alegando que este testava medicamentos para o combate à meningite e ao sarampo, com o pretexto de estar realizando uma ação humanitária. Segundo relatos do governo da Nigéria, o medicamento foi testado sem as aprovações necessárias por parte das autoridades deste país. Além disso, o governo nigeriano afirma que cerca de 200 crianças que tomaram o remédio sofreram, após o uso, de diversos efeitos, como surdez, paralisia e lesões cerebrais. No mais, segundo a procuradoria do país, onze crianças chegaram ao óbito (FRANCE PRESSE, 2007).

Indústrias farmacêuticas são criticadas também por investirem milhões de dólares em pesquisas de medicamentos considerados rentáveis e lucrativos e não investirem em pesquisas para tratamentos de doenças, como a malária, que atacam populações com pouco ou nenhum poder aquisitivo. Segundo Testa (2006), entre os anos de 1975 e 1997, dos 1.223 novos medicamentos colocados em circulação, apenas 11 destes eram destinados a doenças comuns em países tropicais.

Enfim, de uma maneira geral, a indústria farmacêutica é vista de uma forma paradoxal. De um lado, as pessoas põem suas esperanças de que esta indústria alcance, através das suas pesquisas, a solução para a cura de diversas doenças ainda sem solução definitiva, enquanto, por outro lado, encontram-se temerosas de que esta mesma indústria coloque seus interesses financeiros acima do seu dever perante a sociedade.

3. O conteúdo do filme

"Incluir a vida nas 'favelas' de Nairóbi em uma intriga internacional em meio a uma história de amor foi uma ideia genial". Esta é a descrição feita pelo protagonista do filme, o ator britânico Ralph Fiennes. *O jardineiro fiel*, cujo título original é "Constant gardener", trata-se de um longa-metragem baseado em um romance de John Le Carré e dirigido pelo brasileiro Fernando Meirelles (o mesmo diretor de Cidade de Deus e Ensaio sobre a cegueira), produzido em parceria com Alemanha, Quênia e Reino Unido.

Tendo como pano de fundo o romance de Justin Quayle (Ralph Fiennes), um diplomata inglês, com Tessa (Rachel Weisz), uma ativista dos direitos humanos no Quênia, o filme narra, e ao mesmo tempo, denuncia o fato de que multinacionais da indústria farmacêutica testam novos medicamentos em africanos, fazendo-os de cobaias às suas experiências, além do alto preço dos medicamentos vendidos e da proteção que os governos dos países envolvidos oferecem a essas empresas.

Ao tentar desvendar a misteriosa morte de sua mulher Tessa, Justin, perturbado por fortes suspeitas de infidelidade da parte dela, acaba entrando em um mundo perigoso e obscuro de acordos e práticas anti-éticas envolvendo uma famosa empresa farmacêutica de nível internacional, o governo britânico e o próprio governo do Quênia, descobrindo até o envolvimento de pessoas respeitadas do seu círculo social que, aparentemente, estavam acima de qualquer suspeita.

O leitor pode estar se perguntando no momento: visto tudo isso, então por que o nome do filme é *O jardineiro fiel*? E a resposta pode parecer simples, baseando-se no fato de que este é o *hobby* do diplomata Justin Quayle. Portanto, a explicação vai um pouco além disso, uma vez que Justin era um diplomata fechado em seu mundo até conhecer Tessa e mergulhar na vida real, percebendo que 'nem tudo é o que parece ser'. Isso fica bem claro quando ela fala a Justin que sob as pedras dos jardins, escondem-se larvas e umas tantas outras coisas que ninguém quer ver e as ervas daninhas crescem livremente entre as mais belas flores.

Através dessa metáfora, Tessa pretendia alertar o seu amado Justin de que o mundo é cheio de surpresas nem sempre boas, que pessoas parecem ser o que não são, que situações aparentemente tranqüilas, normais e corriqueiras podem esconder a ação de pessoas mal intencionadas, como no caso da 'ação humanitária' que algumas indústrias farmacêuticas afirmam praticar nos países africanos. Meirelles faz o expectador perceber essa metáfora, também vivida pelo protagonista do filme, ao levar as pessoas a acreditarem que Tessa traiu Justin, que Sandy estava tentando ajudá-la, e em tantas outras cenas marcantes.

Acompanhando o formato do próprio livro, *O jardineiro fiel* é desenvolvido de forma temporal não-linear, com exibição de *flashbacks* que inicialmente parecem confusos, mas que ao final, unem as pontas do filme, costurando uma bela, porém dramática e cruel história que envolve romance, conflitos pessoais, jogos de interesse e forte tom de denúncia social, tendo como cenários, ora a Inglaterra, ora o Quênia, este representado em fortes e vibrantes cores, tendo como trilha sonora músicas de países africanos, ressaltando e valorizando as características próprias do local, além de mostrar a triste realidade de milhares de pessoas do continente africano.

Apesar de decorrer muitas vezes de forma lenta, o filme não pode ser considerado monótono, pois vai tomando força e intensidade na medida em que Justin descobre o que Tessa Quayle investigava, passando, também ele, a ser vítima de perseguição. Ocorre também uma maior demonstração de emoção e sentimentos, nos momentos em que a morte dela vai sendo assimilada e sentida por ele, que inicialmente mostrou frieza quando do recebimento da notícia, principalmente pelas suspeitas de que ela o estaria traindo com o médico e amigo queniano Arnold Bluhm, interpretado por Hubert Koundé.

Além dos já citados atores, o elenco do filme é composto por Danny Huston, no papel de Sandy Woodrow, colega de Justin na diplomacia britânica; Bill Nighy, interpretando o Sr. Bernard Pellegrin; Pete Postlethwaite, no papel de Marcus Lorbeer; entre outros.

4. O conteúdo no filme

"A conspiração é global, a corrupção é contagiosa". Frase resumo do filme *O jardineiro fiel*, presente em seu *site* oficial, e que deixa no ar a curiosidade de compreender a teia conspiradora que é desvendada no decorrer do filme. O longa-metragem envolve uma mistura de história de amor e suspense, com muita espionagem, armadilhas e traições, no melhor estilo 'teoria da conspiração'. Mas a conspiração é real e ultrapassa a arte.

O jardineiro fiel nos ajuda a perceber o outro lado da indústria farmacêutica, mais arriscado, comprometedor e antiético. Já que, antes de lançar um medicamento no mercado, este precisa ser testado. Mas em quem testar? Como falado no filme, "tem gente que irá morrer de qualquer forma".

O filme nos leva ao Quênia, onde acontece boa parte das cenas. A cultura local é retratada, com suas cores e sons próprios, que contrastam com a miséria, a exploração, o sofrimento, as doenças e a morte que consomem seu povo. Neste cenário são mostradas as relações entre as organizações e os governos, onde se evidencia a ganância dos homens pelo poder em detrimento da ética e dos cidadãos por eles representados.

O Quênia vive problemas comuns ao continente africano, apesar de ser um de seus países mais desenvolvidos. Populações inteiras sofrem com doenças e sonham com a cura por meio de remédios que são distribuídos gratuitamente. Mas, por estarem em testes ou fora do prazo de validade, não há garantia de eficácia nos tratamentos, existindo ainda o risco de efeitos colaterais, que em alguns casos chegam a ser fatais.

Muitas vezes, estes medicamentos são adquiridos a preços absurdos pelos governos dos países da África ou em troca de acordos diplomáticos permeados de corrupção, onde poucos são os realmente beneficiados. Certamente, o povo não está incluído neste grupo, pois as organizações e o próprio governo se aproveitam da falta de instrução e da necessidade da população para colocar em prática seus acordos, mesmo que ao custo de vidas.

Vidas que dependem de atitudes como as de Tessa, que lutou contra essas injustiças em um continente carente, onde as pessoas são vitimadas devido à ganância das organizações em não perder tempo e, muito menos dinheiro. É possível escutar frases como as que Tessa escutou de Justin: "existem milhões de pessoas e todas elas precisam de ajuda". Mas como abandonar ideais ou esquecer que não há ética para com essas pessoas? Como só esperar que essas mortes sejam estatísticas da ONU? Como não se omitir diante da postura antiética das organizações e do governo?

Tessa e Arnold, seu amigo médico que lhe acompanhava, trabalhavam a favor dessas vidas e, para tanto, iam de encontro aos interesses dessas organizações e dos governos, incluindo o governo britânico onde Justin (marido de Tessa) trabalhava. Como precisavam de parceiros para viabilizar seus planos, Tessa buscou, dentre outras pessoas, o apoio de Sandy, amigo de Justin, mas por ousar demais, Tessa acabou sendo traída e morta junto com Arnold. Interesses individuais que se sobrepõem ao bem comum. Pessoas que poderiam ajudar, mas preferiram se omitir devido ao medo ou interesses pessoais, que se manifestaram por meio de trocas de favores que vão além de seus valores morais.

Essas parcerias, quando realizadas entre as empresas e os governos, muitas vezes são casamentos que dão certo, como no filme entre as empresas KDH e a Três abelhas. Os objetivos são ocultos aos olhos da sociedade, mas juntos, esses cúmplices por conveniência manipulavam sociedades. A morte de Tessa é um crime corporativo e não se sabe quem deu a ordem. Sabe-se apenas que serviu de modelo para inibir aqueles que quisessem seguir o mesmo caminho de luta contra essa conspiração.

Justin não se conformou com a morte de sua mulher, precisando acontecer isto para que ele abrisse os olhos. Justin não conseguia, ou não queria, ver o conluio que se estabelecia ao seu redor. Relações secretas que sobrepõem ao bem comum. Governos, corporações, pessoas com outros focos, focos individuais. Até que momento devemos ser racionais ou revolucionários? Justin, que durante muito tempo ignorou as coisas que aconteciam ao seu redor, não conseguiu se omitir diante das evidências reais quando estas influenciaram sua vida.

Com estas evidências, Justin passa a entender tudo que Tessa sempre tentou lhe mostrar, mas ele não queria ver. Apesar de tarde demais, Justin compreende que, em um mundo onde a população humilde não tem voz nem forças para reagir contra os poderosos, qualquer ato para com eles, melhorará suas vidas carentes de tudo.

Justin constatou que quando uma pessoa usada como cobaia pela indústria farmacêutica falecia, todos os seus registros eram destruídos. Para fins legais, essa pessoa nem ao menos existiu. Após a morte de muitos outros miseráveis, cumpre-se o ciclo de testes da indústria farmacêutica e, estando o medicamento liberado para uso, inicia-se a sua comercialização nos países de primeiro mundo. Mortes de anônimos beneficiam milionários corruptos, que estão no centro de uma rede de corrupção que alimenta e omite um lucrativo e criminoso negócio.

Assim, no desenrolar do filme a poderosa indústria farmacêutica se mostra como monopolizadora de informações e manipuladora do governo, do mercado e da sociedade. As pessoas que compõem as organizações e os governos deixam a lealdade a estes órgãos ser mais importantes do que a lealdade aos seus próprios valores éticos e morais. Uma indústria que busca beneficiar-se de maneira lucrativa, tornando-se competitiva no mercado, mesmo que para isso vidas sejam perdidas para o cumprimento da programação de lançamento de um novo remédio.

Justin preferia trabalhar em um jardim, seu *hobby* predileto, e apreciar superficialmente como ele está belo, do que buscar tratar problemas complexos, imperfeições profundas e difíceis que um dia afetarão sua superficial beleza. Então, o que pessoas simples como um jardineiro podem fazer para lutar contra a ação destas imperfeições?

5. Nota de aula

Neste item apresentamos proposições que podem contribuir para o uso do filme como instrumento didático.

5.1. Argumento do filme

O Jardineiro Fiel tem como pano de fundo a história de amor de Justin e Tessa. Justin é um diplomata que trabalha no Comissariado Britânico, e Tessa é uma ativista dos direitos humanos no Quênia. Em meio a essa história de amor, no filme é mostrado o mundo das indústrias farmacêuticas, os testes de medicamentos, as relações entre outras organizações, ONGs e governos, todo uma rede formada para benefício de poucos. O longa metragem evidencia ainda questões polêmicas, e que dizem respeito a ética, valores morais e ganância.

5.2. Utilização recomendada

O filme pode ser trabalhado a nível acadêmico, em cursos de graduação ou pós-graduação, em disciplinas como: Filosofia, Sociologia, Ética, Teorias da administração, Cultura e comunicação organizacional, Tópicos de gestão contemporânea, dentre outras... Os objetivos educacionais podem ser:

- Apontar e debater as conseqüências das ações da indústria farmacêutica no mundo e no Brasil;
- Ilustrar a atuação do governo nas relações com outros governos e com as indústrias;
- Debater as relações políticas, organizacionais e o inter-relacionamento dessas duas relações;
- Ilustrar os conflitos éticos e constitucionais presentes nas questões envolvendo a citada indústria e os governos;
- Debater as relações de poder.

5.3. Indicações para coleta de anotações

A seguir recomendamos indicações para que os estudantes coletem informações ao longo do filme, que poderão subsidiar o debate em grupo.
- Dados estatísticos relacionados à indústria farmacêutica desenvolvendo sua opinião a respeito do quadro atual do setor;
- Elementos críticos às ações desta indústria e das ações governamentais;
- Informações sobre o universo africano e as relações com as grandes

multinacionais;
- O tratamento dado às pessoas que contestam estas relações.

5.4. Pontos relevantes

Para potencializar o debate, temos ainda alguns pontos interessantes, descritos a seguir:

- Organizações com atitudes humanitárias omitindo acordos vantajosos e convenientes, e em troca de benefícios próprios;
- Ainda quanto às organizações, os desvios éticos e morais, e a manipulação de informações;
- Governos corruptos e relações obscuras baseadas em trocas particulares;
- Os interesses pessoais e empresariais, e postura ética e moral;
- Relações de poder que se sobrepõem ao bem comum.

5.5. Questões para debate

Temos a seguir algumas questões que podem guiar debates em trabalhos com pequenos grupos.

- O que é comportamento ético? Como o filme pode ilustrar o comportamento (anti)ético?
- Em que medida a situação descrita no filme é própria da África? No Brasil, temos alguma semelhança com a indústria farmacêutica ou qualquer outra indústria?
- Como se dá a ação dos governos na trama? No Brasil, temos alguma semelhança?
- Em termos de práticas e teorias, como o filme pode contribuir para a administração, em sua forma mais ampla?

5.6. Método recomendado

As atividades relacionadas ao filme devem transcorrer em 4 horas-aula (200 minutos). Recomendam-se duas possibilidades:

ATIVIDADE	TEMPO (min.)
ALTERNATIVA 1	
1. Debate preliminar sobre os impactos positivos e negativos da	20

indústria farmacêutica.	
2. Solicitar que o filme seja visto em casa, ou expor em sala de aula.	130
3. Direcionar a formação dos grupos e apresentar as questões de debate.	40
4. Margem de segurança de tempo.	10
ALTERNATIVA 2	
1. Debate preliminar sobre os impactos das ações das empresas.	20
2. Expor em sala de aula uma parte do filme.	65
3. Fazer um resumo oral do filme.	15
4. Direcionar a formação dos grupos e apresentar as questões de debate.	45
5. Conduzir o debate, a partir dos pontos relevantes.	45
6. Margem de segurança de tempo.	10

6. Referências

BENNETT, S.; QUICK, J.; VELASQUEZ, G. *Public-Private Roles in the Pharmaceutical Sector. Implications for Equitable Access and Rational Drug Use.* Geneva: World Health Organization, 1997.

CALLEGARI, L. *Análise Setorial:* A Indústria Farmacêutica. São Paulo: Gazeta Mercantil, 2000.

FERREIRA, K. C. *O painel da indústria farmacêutica no Brasil e em Goiás e a importância de políticas voltadas ao seu desenvolvimento.* Disponível em: <www.facmais.com.br/artigos/Artigo015.pdf>. Acessado em: 10 mar. 2009.

FRANCE PRESSE. *Nigéria exige US$ 7 bilhões da Pfizer após morte de crianças.* Centro de Mídia Independente, 2007. Diponível em: <www.midiaindependente.org/pt/blue/2007/06/384671.shtml>. Acessado em: 01 mar. 2009.

FRENKEL, J.; REIS, J.; ARAÚJO Jr., J.; NAIDIN, L. *Tecnologia e Competição na Indústria Farmacêutica Brasileira.* Rio de Janeiro: Financiadora de Estudos e Projetos, 1978.

GADELHA, C. A. G. *Biotecnologia em Saúde:* Um Estudo da Mudança Tecnológica na Indústria Farmacêutica e das Perspectivas de seu Desenvolvimento no Brasil. Dissertação de Mestrado, Instituto de Economia, Universidade Estadual de Campinas. Campinas: 1990.

PAVITT, K. *Sectoral patterns of technical change:* Toward a taxonomy and a theory. Research Policy.New York: 1984.

QUEIROZ, S. R.. *Os Determinantes da Capacitação Tecnológica no Setor Químico-farmacêutico Brasileiro.* Tese de Doutorado, Universidade Estadual de Campinas. Campinas: 1993.

TESTA, R. *O Colonialismo Farmacêutico.* 2006. Disponível em: <http://raultesta.blogspot.com>. Acessado em: 01 mar. 2009.

Capítulo 7 – Quanto Vale ou é por Quilo?

Jeová Torres Silva Jr.
Rebeca da Rocha Grangeiro
Amanda Cristina Medeiros

1. Introdução

O (re)desenho do modelo de gestão e da forma de atuação do Estado a partir dos anos 1970 provocou uma (re)significação no papel da sociedade civil e o aparecimento de novos paradigmas em torno da relação entre Estado e sociedade. Nesta perspectiva, funções antes exercidas exclusivamente pelo Estado passaram a ser executadas, nos últimos 30 anos, por um conjunto de organizações da sociedade civil, que se mostram através de diversas formas associativas agrupadas no termo o qual se convencionou chamar de "terceiro setor".

Tais organizações têm, na quase totalidade das vezes, uma natureza jurídica privada atuando sob uma finalidade pública. Em tese, estas organizações que operam no campo social deveriam ser pautadas por atuarem substantivamente na busca da mobilização e implementação da justiça social, pelo altruísmo, por uma racionalidade mais substantiva e por seguirem um modelo de gestão próprio e diverso da gestão empregada pelas organizações que atuam na lógica de regulação mercantil-utilitária.

Entretanto, percebe-se que algumas organizações que atuam no campo social estão deturpando o fim para o qual foram constituídas, ou ainda, utilizam a imagem de organização da sociedade civil para fins ilícitos como: meio para os seus dirigentes se locupletarem explorando uma organização que permite driblar a legislação ou a fiscalização e, principalmente, para desvios de recursos públicos. E mais, valendo-se de uma falsa concepção e equivocada compreensão de responsabilidade social empresarial, mobilizam as ações sociais das empresas ou do Estado para constituírem estratégias de captação de recursos, criando uma nova indústria que atua como verdadeira gerenciadora da miséria, utilizando-se de uma solidariedade de fachada a qual visa, exclusivamente, o lucro. Neste contexto, o filme Quanto vale ou é por quilo? Merece absoluto destaque, pois de uma forma direta e 'crua' expõe a principal ferida aberta no *modus operandi* das organizações que atuam no campo social, que objetivam a exploração da miséria por meio do marketing social apontando as relações de abuso e de promiscuidade das organizações que atuam sob uma falsa dimensão solidária.

Assim sendo, este capítulo se insere na discussão teórica e prática acerca dos principias temas que perpassam a atuação das organizações da sociedade civil. Neste capítulo expomos uma primeira visão sobre o tema, em seguida abordamos o conteúdo do filme, e o conteúdo no filme; finalizamos com ponderações sobre a sua utilização em sala de aula (nota de aula) para ao final apresentamos a indicação do referencial bibliográfico que embasou a elaboração do texto.

2. Uma primeira visão

No contexto mundial, transformações ocorridas a partir dos anos de 1970, com a redefinição das funções do Estado, no reposicionamento por parte dos agentes da sociedade civil, e da necessidade de novos mecanismos reguladores para o controle das externalidades produzidas pelo sistema capitalista, alteraram a configuração e o papel das organizações que atuam no campo social. Diversas formas organizacionais que resultam desta conjuntura e extrapolam os mecanismos regulatórios tradicionais do Estado e do mercado, se desenvolveram.

No caso dos Estados Unidos e da Inglaterra, tais empreendimentos costumam ser tratados sob a ótica do chamado 'terceiro setor' – que identifica o universo das organizações sem fins lucrativos (non-profit organizations). Do mesmo modo, experiências que são reguladas por mecanismos além dos circuitos tradicionais mercantil e estatal, sugiram na Europa continental – se remetem a tradição histórica da 'economia social', cuja manifestação encontrava-se nas organizações operárias, surgidas na metade inicial do século XIX, e possuidoras de um dinâmica de resistência popular – e, em geral, abarcam quatro formas de organizações: fundações, cooperativas, sociedades mutualistas e associações (SILVA JR., 2004)

Ao analisarmos as transformações que vêm ocorrendo com as organizações que atuam no campo social, no Brasil, neste mesmo período, perceberemos que a partir da metade final da década de 1970, e durante todos os anos 1980 e 1990, importantes mudanças ocorreram.

Por um lado, aconteceu a elevação da discussão sobre a (re)significação do papel do Estado: este oscilou entre a formulação de políticas universais para proteção social (insuficientes) e a drástica redução de investimentos em políticas sociais. A doutrina imposta pelo neoliberalismo político e econômico, em prol da livre concorrência e da auto-regulação do mercado, remeteu o Estado à redução de suas funções e este tem procurado promover suas políticas públicas através da descentralização, privatização e publicização dos seus serviços.

Por outro lado, o tecido social que serve de sustentáculo ao Estado assumiu novos papéis, através da participação cada vez mais ativa da sociedade civil organizada em projetos locais. No Brasil, entre 1975 e 1985, houve um aumento de 1.400% de assistência ao desenvolvimento centralizado nas organizações que atuam no campo social (SOUSA SANTOS, 1998). Durante os anos 1990, constatamos uma consolidação das organizações que atuam no campo social como 'elaboradoras' de projetos de desenvolvimento socioeconômico local e, a conseqüente, retirada do foco destas organizações da pressão social pelo enfoque da realização. Em outras palavras, nesta década, parte das organizações que atuam no campo social deixou de se concentrar na mobilização e na luta pelos direitos sociais e cidadania e passaram a cumprir o papel de oferecer serviços à comunidade, que eram/são responsabilidade do Estado, em virtude da precarização ou sucateamento dos serviços públicos.

Portanto, presenciamos no Brasil, até o final dos anos 2000, um reposicionamento das organizações que atuam no campo social, a partir dos mecanismos de regulação socioeconômica em que se baseiam. Podemos revelar que, em termos de tipologia ideal, este reordenamento ocorre mediante uma tripla alternativa:

(1) Algumas destas organizações com viés mais assistencialista e filantrópico – como as sociedades beneficentes, obras sociais e associações de auxílio – aproximam-se de um modo de regulação que se remete ao modelo estatal, no momento que procedem a sua regulação por mecanismos redistributivos de recursos para diminuir as desigualdades sociais;

(2) Outras organizações com base social, como as cooperativas populares (que representam um modelo cooperativista de produção que objetiva a geração de ocupação e renda para trabalhadores de comunidades rurais ou urbanas com baixo poder aquisitivo), recorrem ao modelo mercantil para regularem o seu modo de atuação e garantirem, através da produção de bens e serviços, resposta às necessidades de seus membros;

(3) Finalmente, organizações como os conselhos comunitários, as associações de moradores, dentre outras, são regidas sob a égide dos mecanismos de reciprocidade e do voluntarismo para o empoderamento e emancipação social.

O desenho que se produziu com a configuração dos novos papéis assumidos pelas organizações que atuam no campo social proporcionou algumas reflexões. Dentre estas, encontram-se as análises em torno da construção de um outro tipo de modelação das relações de solidariedade e uma nova lógica econômica.

Além disso, a inserção da dimensão política articulando-se com as ações de natureza socioeconômicas nas organizações que atuam no campo social levaram a manifestação de novas e inéditas perspectivas de atuação. Por exemplo, as que se encontram nas associações de moradores ao articularem os princípios da cooperação e solidariedade – típicos da economia popular – com práticas de atuação sobre o espaço público local, ou seja, as atividades econômicas são empreendidas para enfrentar problemáticas locais específicas ligadas à melhoria das condições de vida das pessoas do bairro.

Destarte, de acordo com Silva Jr. (2004) atacando problemas públicos locais através da produção e desenvolvimento de atividades socioeconômicas, é que tais empreendimentos afirmam seu caráter político e aproximam-se da concepção daquilo que vêm sendo tratado como a emergência de uma economia popular e Solidária. Para discutir a atual configuração do quadro das organizações que atuam no campo social é preciso remontar a todos estes argumentos e formas de organização de auxílio às populações em vulnerabilidade social, econômica, política, cultural, ambiental e administrativa.

Em relação ao termo pelo qual este fenômeno organizacional tem sido tratado, observamos que no final da década de 1980 e início dos anos 1990 o projeto *Johns Hopkins Comparative Nonprofit Sector Project* foi responsável pela divulgação uniforme da expressão 'terceiro setor' para todo o mundo. Todavia, a partir daí, críticas ao significado de terceiro setor passaram a coexistir com correntes de pensamento associadas a várias nomenclaturas correspondentes à expressão, o que acabou ocasionando, por um lado, a banalização do uso do mesmo e, por outro lado, uma crise no seu significado para diferentes contextos.

Os nomes variam pelo mundo: nos Estados Unidos, é comum o uso de termos como setor filantrópico, setor independente ou ainda setor de caridade; no Reino Unido tem-se o emprego da expressão setor voluntario; na França utilizava-se do conceito de economia social; e nos países em desenvolvimento a expressão mais utilizada para caracterizá-lo é organizações não-governamentais (ONGs).

No Brasil, segundo Tenório (2004), este termo abrange agentes não-lucrativos e não-estatais que atuam coletivamente na busca pela promoção do bem-estar social, a saber: entidades de classe, fundações públicas e privadas, instituições filantrópicas, movimentos sociais organizados e demais formas associativas da sociedade civil. Neste mesmo sentido, Alves (2002, p. 4) salienta que, no país, a expressão organização não-governamental – e a sigla correspondente, ONG, no singular e no plural – tornaram-se termo 'guarda-chuva' para agrupar diversos tipos institucionais (associações, fundações, institutos, projetos sociais, etc.) e vários outros termos correlatos (organização da sociedade civil, organização voluntária, organização sem fins-lucrativos, entre outros).

Para Montaño (2002), são pelo menos três os equívocos cometidos ao chamar estas instituições por ONG ou associá-las a um terceiro setor:

(1) Terceiro setor é um termo inadequado, pois ele se insere em uma perspectiva funcionalista, estruturalista e positivista que isola, atomiza e 'desistoriciza' a dinâmica do Estado, do mercado e da sociedade civil. Já que a sociedade civil tem primazia histórica sobre o Estado e o mercado. É esta sociedade que gera suas próprias organizações, mas - antes de tudo – criaram o Estado e o mercado. A sociedade civil não pode ser evidenciada como um terceiro setor, mas como o primeiro setor, em que pese não se ter a mínima intenção de reproduzir este viés positivista e estruturalista de setorizar a realidade;

(2) Nesta mesma linha, o recorte de separar em setores as organizações direciona a acreditar-se que o privado está associado ao ambiente do mercado (espaço de manifestação do ser econômico), o público está identificado com o Estado (lócus de atuação do ser político) e para além desta dicotomia público-privado, a sociedade civil seria o espaço de manifestação do ser social (produzindo um terceiro tipo de relação à pública, porém privada, materializando a articulação entre os outros dois setores). Os aspectos levianos aqui seriam: a) numa visão reducionista, não expressar que o ser econômico, o ser político e o ser social não se manifestam de forma setorizada ou autônoma (o que existe uma imbricação do econômico, do político e do social em todas as ações do ser humano); b) a imposição da superação da dualidade do público-Estado/privado-mercado pela equiparação público-estatal/público-não-estatal (esta é uma visão ideologizante que busca isolar o mercado dos problemas sociais e de suas responsabilidades nas soluções).

(3) O conceito de organizações não-governamentais é, extremamente fluido, abrangente e que mais confunde do que explica. E para tornar o uso do termo mais inapropriado ainda, ONG não se aplica juridicamente, ou seja, organização não-governamental não existe juridicamente! Este termo tenta abraçar para si, pela caracterização, organizações não-governamentais, sem fins lucrativos, privadas, de *adesão* voluntária e, na maioria dos casos, autogovernadas. Todavia, não existe nenhuma citação em lei, no país, que traduza este conceito e seja a referencia no momento de se constituir uma organização com tais características no Brasil. Em outras palavras, quando um grupo busca o cartório de registro de pessoa jurídica e a receita federal para constituir uma ONG, este grupo vai ter optar entre (por força do código civil e de outras leis) instituir uma associação, uma fundação ou um instituto. Manter este conceito – organizações não-governamentais – sem substância implica dizer que ficam, lado a lado, organizações com finalidades distintas (Ex:

associações de moradores/melhorias urbanas no bairro – institutos de pesquisas/realização e suporte a atividades científicas), prioridades diversas (ex: fundação Bradesco/marketing social – banco palmas/levar serviços financeiros a populações de baixa renda) e interesses até contraditórios (ex: federação das indústrias/organização e defesa dos interesses patronais – sindicato dos trabalhadores/ organização e defesa dos interesses dos trabalhadores).

Assim sendo, o processo de institucionalização das organizações que atuam no campo social no Brasil tem sido consubstanciado pela atuação das entidades da sociedade civil, mas não vem acompanhado pelo processo de constituição de um marco legal específico e congruente para estas organizações. O novo paradigma existente na relação entre o Estado e a sociedade civil não vem recebendo um tratamento – em termos de legislação – sistemático. As poucas leis que disciplinam o tema possuem um viés bastante impreciso, geral e dualista que dificultam a atuação das entidades comprometidas com o desenvolvimento socioeconômico e favorecem a prática de manobras por parte dos gestores que usam o escudo da ação social para atuarem, direta e livremente, em benefício particular.

Segundo Le Monde (2007) o quadro normativo atual pouco favorece as organizações que atuam no campo social, pois mesmo que existam incentivos para estas ampliarem suas relações com o Estado, sendo ofertantes de produtos ou serviços para este, ainda existem muitas barreiras impedido o acesso dessas organizações a processos licitatórios ou a faturamento de produtos/serviços. De um lado, encontramos uma legislação com caráter cartorial, que prevê pouco entendimento às particularidades gestionárias e estruturais das organizações que atuam no campo social. De outro lado, existem algumas leis, como a lei n. 9.790, de 1999, lei da Organização da Sociedade Civil de Interesse Público – OSCIP, que dispõe sobre a possibilitar que algumas entidades com fins sociais específicos sejam qualificadas com o título de OSCIP e, assim, possam firmar termos formais de parceria com o poder público.

Todavia, a lei das OSCIPs não encarou de frente os antigos problemas do marco legal, não avançou no sentido de classificar as organizações que atuam no campo social e ainda deixou lacunas que possibilitam que qualquer organização que atua no campo possa se qualificar como uma OSCIP, ao passo que não estabeleceu à exigência de um prazo prévio de existência da organização anterior a adesão da nova classificação.

A Lei da OSCIPS não veio favorecer o fortalecimento do tecido social, do tecido organizativo da sociedade civil. Não; qualquer um cria uma OSCIP, e isso contribui para um dos problemas principais da legislação atualmente existente, porque muitas vezes o terceiro setor é visto como instrumental à atuação do poder público. E não só como instrumental, mas como verdadeiro quebra-galho, porque, quando se quer fazer algum projeto, implementar alguma ação, cria-se uma OSCIP (LE MONDE, 2007, p. 27).

Em que pese esta ausência de um marco legal que leve em consideração o universo das organizações que atuam no campo social e suas especificidades, isto – definitivamente – não se deve a uma ausência de representatividade econômica destas organizações junto ao PIB brasileiro. Kisil (2008) revela dados sobre o universo das organizações que atuam no campo social no Brasil, divulgados no início de 2006, a partir de um estudo realizado pelo Programa de Voluntários das Nações Unidas (UNV/ONU) em parceria com *The Johns Hopkins Center for Civil Society Studies*. Neste estudo foram identificadas aproximadamente, 326 mil organizações que atuam no campo social, no Brasil, empregando cerca de 1,5 milhões de pessoas (5,5% dos empregados de todas as organizações formalmente registradas no País).

> Não estamos falando de um setor marginal ou que tenha importância econômica reduzida. Estamos falando de um segmento que representa nada menos do que 5% do Produto Interno Bruto (PIB) do País. Esta participação no PIB é superior à indústria de extração mineral (petróleo, minério de ferro, gás natural, carvão, entre outros) e maior que a de 22 Estados brasileiros, ficando atrás apenas de São Paulo, Rio de Janeiro, Minas Gerais, Rio Grande do Sul e Paraná (KISIL, 2008).

Como o PIB de 2006 foi de R$ 2,322 trilhões, a participação das organizações que atuam no campo social ficou em aproximadamente R$ 116,1 bilhões. Neste volume de recursos, certamente, tem bastante recurso transferido pelo Estado (principalmente, do Governo Federal) para organizações da sociedade civil e, também tem uma parte que é gerada pela 'pilantropia' (organizações que atuam no campo social constituídas como 'fachada' para mobilização de recursos com foco no benefício dos seus dirigentes em detrimento da perspectiva de satisfação das necessidades coletivas).

Segundo um levantamento da Controladoria Geral da União (CGU, 2007) sobre as organizações que atuam no campo social que receberam recursos federais entre os anos de 1999 e 2006, o dinheiro repassado anualmente às ONG's representa 2,1% de todas as transferências feitas pelo Governo Federal. Em 2006, o total das transferências de recursos pelo Governo Federal em âmbito nacional foi de R$ 144,81 bilhões. Portanto, se as organizações que atuam no campo social receberam, em 2006, 2,1% (R$ 3,04 bilhões) destas transferências; em 2007 e em 2008 as transferências para estas organizações somaram, respectivamente, R$ 3,46 bilhões e R$ 4,27 bilhões. O valor destes recursos que são repassados pelo Governo Federal para as organizações que atuam no

campo social causa mais espanto se avaliarmos que estas transferências, em 2008, equivalem a 41% do investimento do governo (R$ 10,36
bilhões – conforme Lambranho e Militão [2007]), em seu principal programa social, o programa bolsa família, que atende a 11,1 milhões de
famílias.

De acordo com Le Monde (2007), o uso de recursos federais nesta
soma, a cada ano, despertou o interesse do Senado em investigar a "liberação dos recursos para ONGs, bem como, a utilização, por estas entidades, de tais recursos e de outros por elas recebidos do exterior, a partir do ano de 1999 até o ano de 2006". Com tal fim, foi constituída uma
Comissão Parlamentar de Inquérito (CPI) que pretendia com o resulta-
do da investigação "rever o significado das parcerias das ONGs com o
Estado e definir se o padrão atual de relacionamento deve mantido" (LE
MONDE, 2007). Isso revela a dificuldade conceitual que existe - prejudica o debate e reforça a necessidade de regulamentação da matéria, a fim
de dissipar quaisquer dúvidas em relação ao enquadramento conceitual
das organizações que atuam no campo social.

Para o período que será considerado na investigação da CPI das
ONGs, a CGU já apurou que 7.883 organizações que atuam no campo
social receberam recursos públicos federais entre os anos de 1999 e
2006. "Entre 1999 e 2002, segundo mandato do governo Fernando
Henrique Cardoso, as ONG's receberam, em valores atualizados, R$
28,04 bilhões. Já, nos primeiros quatro anos do governo de Luis Inácio
Lula da Silva (2003-2006), o valor repassado às ONG's ficou em R$
19,98 bilhões, uma queda de 28,75%" (CGU, 2007). Essas informações
constam de levantamento feito pela CGU junto às transferências de recursos registradas no Sistema Integrado de Administração Financeira
(SIAFI).

Em relação aos trabalhos da CPI das ONGs, não se pode levar em
consideração aspectos ideológicos ou pré-concepções acerca das funções das organizações que atuam no campo social e seu papel na relação com o Estado. É certo que existem algumas destas organizações que
tem desviado dinheiro público para enriquecimento dos dirigentes, fazendo da miséria uma verdadeira indústria e utilizando uma gestão
empresarial e não uma gestão social.

Todavia, antes de se inferir críticas ou até mesmo atribuir adjeti-
vos negativos e torpes as organizações que atuam no campo social, deve-se primeiro analisar as ações que vêm sendo realizadas por organizações realmente comprometidas com o desenvolvimento socioeconômico do País. Em algumas situações o envolvimento em projetos e políticas públicas é necessário, em outros casos, desejável e em muitas delas, incentivado. Nesse sentido Tenório (2004, p. 44) coloca que:

O espaço ocupado pelo terceiro setor na sociedade deste final de século, frente ao primeiro e ao segundo setores, tem-se pautado de tamanha relevância, que instituições internacionais de controle e fomento creditício, procuram ou estimulam governos a utilizarem estes agentes sociais como instrumentos de implantação, avaliação e implantação de políticas públicas.

Entretanto, a atuação destas organizações em quaisquer projetos deve ser pautada por um processo de gestão que seja eficiente, eficaz, efetivo e se guie por um viés democrático, transparente e sustentável. O que se apresenta como modelo de gestão para estas formas organizacionais é a gestão social. De acordo com França Filho (2008, p. 32), a definição de gestão social,

> Corresponde então ao modo de gestão próprio as organizações atuando num circuito que não é originariamente aquele do mercado e do Estado, muito embora estas organizações entretenham, em grande parte dos casos, relações com instituições privadas e públicas, através de variadas formas de parcerias para consecução de projetos. Este é o espaço próprio da chamada sociedade civil, portanto uma esfera pública de ação que não é estatal. As organizações atuando neste âmbito, que são sobretudo associações, não perseguem objetivos econômicos. O econômico aparece apenas como um meio para a realização dos fins sociais, que podem definir-se também em termos culturais (de promoção, resgate ou afirmação identitária etc.), políticos (no plano de uma luta por direitos etc.) ou ecológicos (em termos de preservação e educação ambiental etc.), a depender do campo de atuação da organização. É exatamente esta inversão de prioridades em relação à lógica da empresa privada que condiciona a especificidade da gestão social.

Pensada como processo, Tenório (2008, p. 39) define a gestão social como uma forma de gerenciamento participativa, dialógica em que a autoridade decisória é compartilhada entre todos os participantes da ação, caracterizando um "espaço privilegiado de relações sociais onde todos têm direito a fala, sem nenhum tipo de coação."

Por fim, cabe-se ainda, mais uma vez, salientar que, ao se visualizar resquícios de exploração da miséria por parte de alguma organização que atua no campo social com o intuito exclusivo de tirar proveito financeiro, deve-se fazer uma análise crítica e não generalizar tal comportamento a todas as organizações enquadradas dentro deste termo. São conhecidos os resultados práticos positivos e o desenvolvimento de diversas tecnologias sociais, pelas organizações que atuam no campo social, com seus próprios meios ou com apoio de outras instituições públicas ou privadas e que contam quase sumariamente com o apoio e reconhecimento da sociedade brasileira.

3. O conteúdo do Filme

Quanto vale ou é por quilo? é um longa metragem brasileiro

(2005), dirigido pelo paranaense Sérgio Bianchi, que mescla o gênero ficção com o aspectos de documentário, fazendo um paralelo entre o antigo comércio de escravos e a atual exploração das causas sociais e do investimento social privado pelos dirigentes de organizações que atuam no campo social, com o intuito evidenciar as semelhanças no comportamento mercadológico das duas épocas. A produção tem em seu elenco, renomados e experientes atores brasileiros, como Zezé Motta, Antônio Abujamra, Ana Lúcia Torre, Herson Capri, Lázaro Ramos, Caco Ciocler, Ana Carbatti, Leona Cavalli, Sílvio Guindane, entre outros.

O filme é inspirado no conto "Pai contra mãe", de Machado de Assis, apresentando uma narrativa entrecortada, em que as estórias dos principais protagonistas do filme, no presente, são intercaladas por pequenos relatos e crônicas do período da escravidão, no século XVIII. São seqüências fortes, com histórias verídicas descritas em documentos oficiais dos autos do Arquivo Nacional do Rio de Janeiro.

As seqüências do filme, ambientadas no presente são vividas por personagens que representam bem três classes sociais (têm núcleos na classe alta, média e baixa). Todas estas personagens trabalham ou se mobilizam em torno de estruturas e associações de auxílio/exploração aos/dos excluídos, mostrando como não existe uma só classe que fatura em cima dos mais necessitados, e como os diferentes núcleos da sociedade atuam com a indústria da pilantropia.

O filme começa nos remetendo ao período colonial, através um episódio envolvendo uma negra alforriada, interpretada por Zezé Motta, e o rapto de seu escravo por um proprietário branco, encarnado por Antônio Abujamra. Decidida a fazer valer um direito seu que fora desrespeitado, a ex-escrava segue os capitães-do-mato, munida dos papéis que lhe asseguram a posse de seu escravo, legalmente adquirido. O episódio se conclui com seu posterior julgamento e condenação por invasão de propriedade do senhor branco.

Na seqüência, as cenas do filme voltam-se para os tempos atuais, e aos poucos os diferentes núcleos e palcos da trama são apresentados. Os recortes com o período da escravidão no Brasil se seguem em todo o desenrolar do filme, de forma a evidenciar o paralelo existente entre os seres humanos como mercadoria nas duas épocas. Aos poucos, Bianchi nos apresenta o objeto maior de reflexão de seu filme – o trabalho realizado pelas organizações que atuam no campo social sob uma perspectiva deturpada do fim para o qual foram constituídas. A revelação se afirma em várias cenas, notadamente na ocasião em que os funcionários de duas dessas organizações disputam o espaço para ver quem vai alimentar e dar cobertor aos desabrigados de uma determinada rua.

As cenas de um comercial de uma organização que atua no campo social utilizada para captação de recursos que mostram a periferia de uma forma tradicional, são ironizadas pelo personagem de Herson Capri (dirigente de uma organização que simboliza as elaboradoras de projetos, intermediadoras de recursos e agência de comunicação) que a classifica como sendo uma linguagem ultrapassada. "É preciso ter uma visão mais positiva, quem quer investir em solidariedade tem de ter um retorno", diz Capri, convencendo diretor da organização que atua no campo social a produzir um novo comercial, em consonância com os novos tempos.

Capri vive uma personagem sem escrúpulos que é meio caracterizado como o mercado, no vale tudo para ter lucro, inclusive, explorar a miséria. Neste sentido, constituição de 'laranjas', desvio de verba e até assassinato fazem parte das práticas de 'mobilização' de recursos empregadas. O personagem de Capri será a única a ser punida por fazer parte de um esquema de corrupção, porém, não é uma CPI que vai investigá-lo nem a Polícia Federal que vai prendê-lo, mas a mesma sociedade excluída que ele explora e ajuda a perpetuar.

Na trama, outra organização que atua no campo social implanta, com apoio da Stiller, o projeto "Informática na Periferia" em uma comunidade carente. Arminda, dirigente da organização que está empenhada com o projeto, descobre que os computadores foram superfaturados, decide denunciar a situação, e por esse motivo, terá um fim trágico. Por sua vez, Candinho, morador da mesma comunidade, jovem que está desempregado e com a mulher grávida (interpretada por Leona Cavalli, sonhando com ascensão social), tem que se virar para sobreviver e sustentar a família, e assim transforma-se em um matador de aluguel. No atalho que permite o encontro dos dois, Candinho conhece Arminda, cuja morte foi encomendada a ele.

Em uma passagem dos esquetes com fatos que marcaram a escravidão no sec. XVIII, um negro é contratado para perseguir e matar outro que fugiu. Bianchi faz questão de deixar claro que a situação vivida por Arminda e Candinho representa um pouco aquela vivida no século XVIII. Assim, o filme caminha para o desfecho, no momento em que Candinho invade a casa de Arminda para matá-la.

Entretanto, nos são propostos dois finais, no primeiro Arminda é morta e no segundo sugere para o matador que se unam para seqüestrar e matar Ricardo Pedrosa (Caco Ciocler), contratante de Candinho para matar Arminda e co-responsável pelos atos de corrupção da Stiller que levaram ao desvio de recursos do projeto "Informática na Periferia". Desta forma, Bianchi termina o filme com dois finais possíveis, por um lado, dando a entender que mesmo que não sejam apenas aquelas as opções, é o espectador que dará novos desfechos para a nossa história. Por outro lado, ao dar estas opções Sérgio Bianchi pode está querendo passar a mensagem que temos um final real e factível e um final feliz para os que querem continuar acreditando em um mundo, pelo menos mais justo.

4. O conteúdo no Filme

Nas próprias palavras do diretor Sergio Bianchi, por Leal (2003), *Quanto Vale ou é por Quilo?* tem a intenção de discutir "quanto vale o pobre hoje para essas ONGs, as entidades assistenciais de caridade, e todo este terceiro setor que fatura em cima das boas intenções". Assim, o autor faz uma analogia entre a vida no período da escravidão e a sociedade brasileira contemporânea, focalizando as semelhanças existentes no contexto social e econômico das duas épocas. Desta forma, faz uma crítica à beneficência social, aos dirigentes das organizações que atuam no campo social e ao uso irresponsável do marketing social.

O filme afirma que há reminiscências que nos são constitutivas, bem como incorporação e complexificação nos dias atuais: a miséria ou a prisão como economicamente rentáveis e geradoras de emprego; a solidariedade como empresa; e até mesmo a denúncia como um negócio. No atual jogo 'democrático' e de 'participação' da sociedade civil em prol de demandas não atendidas pelo Estado, as organizações que atuam no campo social aparecem no filme funcionando como empresa, incorporando seu discurso típico e objetivando, enfim, o lucro.

Responsabilidade social ou solidariedade são exaltadas e mobilizadas como estratégia de marketing dessa nova indústria que gerencia a miséria e os miseráveis. A crítica ácida de Bianchi recai, portanto, sobre aquilo que muitos têm entendido como solução ou alternativa para os dilemas inerentes ao capitalismo – a atuação da Sociedade Civil organizada.

Leal (2003) obteve na entrevista com Bianchi que o diretor estava interessado em entender a razão da existência destas organizações que atuam no campo social. "Essas entidades filantrópicas existem para quê? Para quem essas pessoas trabalham, gastam gasolina, é um trabalho, é um serviço?". No filme, percebemos que o trabalho de pesquisa funcionou, pois Bianchi toca em todos os problemas que permeiam a realidade destas organizações. Em outras palavras, tratou da dificuldade de captação de recursos; do uso que os políticos corruptos fazem das organizações; do desinteresse das empresas que prestam serviço para esta as organizações que atuam no campo social acerca dos seus propósitos; das rivalidades entres os dirigentes de organizações que atuam sobre a mesma causa e que lutam por recurso para os mesmos problemas; da população que realmente precisa do serviço e fica no meio do embate entre as organizações; e da ausência de processos gestionários e de uma perspectiva sustentável destas organizações; e, por fim, da submissão das organizações que atuam no campo social ao financiador.

Uma das cenas que simboliza o comercio da filantropia é a da van identificada como sendo de uma organização que atua no campo social, que surge para distribuir sopa para os mendigos em um local onde já estava sendo distribuído alimentos por um grupo de outra organização. Os dirigentes das duas organizações discutem na rua para ver quem ficaria com os mendigos daquele local.

Enfim, o tema geral do filme é bastante pertinente e merece ser mais esmiuçado e com grande severidade, tendo em vista que coloca em pauta a análise de um contingente bastante amplo de organizações que operam sob o escudo de organizações que atuam no campo social. Constata-se que as críticas feitas no filme, condizem em grande parcela com a realidade. Entretanto, devem-se analisar quais os verdadeiros responsáveis, pelos problemas que afetam estas organizações a fim de não punir ou taxar erroneamente algumas instituições realmente comprometidas com o bem-estar social

5. Nota de Aula

A utilização deste filme apresenta-se como uma possibilidade de ampliação da capacidade de apreensão de conceitos por parte dos estudantes. Objetiva-se com sua utilização uma conversão das aulas teóricas, ampliando a possibilidade de aprendizado para os mesmos, através de outras experiências com uso de filmes no processo de ensino aprendizagem. A sua utilização estimula o senso crítico dos alunos, amplia suas habilidades e permite um maior desenvolvimento do raciocínio. Contribui, ainda, para aumentar a capacidade de interpretação e flexibilidade de expressão e comunicação, pois alimenta o diálogo entre os estudantes e professores em torno dos temas presentes na obra.

5.1. Argumento do filme

Quanto Vale ou é por Quilo? foi dirigido por Sérgio Bianchi, é inspirado no conto "Pai contra mãe", de Machado de Assis, utiliza linguagens variadas a partir de trechos de documentários e pequenos contos, baseados nas crônicas de Nireu Cavalcante, extraídas de autos do Arquivo Nacional do Rio de Janeiro para narrar uma história que combina casos verídicos de negociatas no mercado escravista do século VXIII com o trabalho realizado por organizações que atuam no campo social. Assim, o filme estabelece um paralelo entre o antigo comércio de escravos e a atual exploração da miséria pelo marketing social, trazendo em seu âmago a discussão de qual é o valor dos pobres para estas organizações. O filme mostra como a classe média e os proletários se inserem e se beneficiam nestas organizações que atuam no campo social.

5.2. Utilização recomendada

O filme é indicado para ser usado no âmbito educacional para discutir temas relacionados a gestão social e suas temáticas afins, como: empreendedorismo social, tecnologias sociais, responsabilidade social. Apresenta um caráter multidisciplinar, podendo ser utilizado em várias áreas, tais como: administração, economia, serviço social, sociologia, direito e história. Além disso, independente do nível acadêmico, graduação ou pós-graduação, o filme pode ser empregado em disciplinas, como: teorias da administração, gestão social, gestão estratégica, processo decisório, sociologia, economia solidária, responsabilidade social, empreendedorismo, marketing, dentre outras. Trata-se de um filme bastante abrangente que trás em seu cerne questões éticas e políticas, podendo instrumentalizar uma ampla gama de objetivos de cunhos educacionais, dentre os quais podemos citar:

- Discutir as ações de responsabilidade socioambiental e marketing social
- Analisar atuação do governo para o incentivo e a regulamentação das organizações da que atuam no campo social;
- Debater as relações éticas, políticas e econômicas que perpassam a atuação das organizações que atuam no campo social;
- Analisar a relação Estado-sociedade, bem como a relação daquele com as organizações que atuam no campo social;
- Debater o papel do Estado em relação ao incentivo que deve ser dado organizações que atuam no campo social.

5.3. Indicações para coleta de anotações durante o filme

Como forma de facilitar o debate após a exibição do filme, é recomendável que sejam anotados detalhes sobre os seguintes pontos:

- Indicar leituras para discussão de conceitos como: terceiro setor, organizações não-governamentais, gestão social e marketing social;
- Levantar aspectos críticos que afetam as organizações que atuam no campo social;
- Mapear o quadro atua da dimensão das organizações que atuam no campo social no Brasil;
- Exemplificar organizações que se enquadram dentro da classificação legal de OSCIP com vistas somente na imunidade tributária;
- Solicitar anotações acerca de algumas organizações empresariais que realizam a responsabilidade social e de organizações que atu-

am no campo social e tem tecnologia social reconhecida;
* Apontar a relação existente entre o antigo tráfico de escravos e a exploração da pobreza pelas organizações 'pilantrópicas'.

5.4. Pontos relevantes

Alguns aspectos que podem, adicionalmente, servir de tópicos de debate na discussão do conteúdo, após a exibição do filme, estão anotados a seguir.
* Nos últimos séculos verificou-se a aceleração e disseminação das organizações direcionadas na busca pela promoção da justiça social.
* As organizações que atuam no campo social abrangem diversas formas associativas que estão conglomeradas no termo 'guarda-chuva' do qual se convencionou chamar de terceiro setor.
* As poucas leis que disciplinam as organizações que atuam no campo social possuem um viés bastante impreciso, geral e dualista dificultando o trabalho das entidades realmente comprometidas com o desenvolvimento social, e favorecendo a prática de manobras políticas utilizando-se do escudo do termo terceiro setor para atuar direta e livremente em algumas ações impossibilitadas pelo engessamento do Estado.
* As organizações empresariais estão realizando ou se associando as organizações que atuam no campo social para executarem ações sociais utilizadas como estratégias de marketing, e acreditam-se inseridas dentro da responsabilidade social.
* Algumas organizações mesmo não devendo estar inseridas dentro da classificação de entidades privadas sem fins lucrativos, pois realizam ações eventualmente gratuitas, gozam da imunidade tributária oferecida as organizações que atuam no campo social.
* As organizações que atuam no campo social não estão isentas de ser influenciadas pelas tecnologias gerenciais do mercado e por isso pode acabar tendo suas finalidades invertidas.

5.5. Questões para trabalho de grupo

A seguir sugerimos algumas questões que podem servir de base para debates em pequenos grupos. A disposição de tempo pode determinar quantas e quais podem ser usadas em cada situação.
* O que são as organizações que atuam no campo social, qual seu contexto de surgimento e como elas se configuram no atual cenário organizacional brasileiro?
* Em qual classificação se enquadram as organizações apresentadas

no filme que se dizem solidárias?

- Quanto vale o ser humano para as organizações que atuam no campo social? O que se vê no filme acercar destas organizações mostra a realidade ou simboliza apenas um desvio de conduta de algumas organizações?
- No filme, você consegue visualizar manobras políticas para driblar a legislação e a fiscalização?
- Onde termina a responsabilidade social pessoal e começa a responsabilidade social empresarial?
- Em termos de práticas e teorias, como o filme pode contribuir para a gestão social?

5.6. Método recomendado

O filme é explorado detalhadamente procurando garantir um aprendizado eficiente. A sua exibição deverá ocorrer, preferencialmente, após exposição em sala do quadro teórico referente à discussão que será abordada com o filme. Indica-se sempre um texto de apoio para leitura prévia ao debate, assim como, recomenda-se a preparação de um roteiro com questões-chaves para serem entregues antes da exibição do filme ou do debate. As atividades relacionadas à exibição deste filme devem transcorrer em 4 horas/aula (200 minutos). Recomendam-se duas possibilidades:

Atividade	Tempo (min.)
Alternativa 1	
1. Apresentar a sinopse e do filme	10
2. Distribuir o roteiro com as questões propostas na sessão 5.5 (por exemplo) e pedir que a turma faça uma leitura	10
3. Expor em sala de aula todo o filme	110
4. Abrir o debate com a turma tendo como ponto de partida as questões propostas no roteiro	50
5. Margem de segurança de tempo	20
Alternativa 2	
1. Debate preliminar sobre a atuação das organizações que atuam no campo social na promoção do bem-estar social	20
2. Exibição integral do filme	110
3. Fazer um resumo oral do filme (junto com o grupo)	10
4. Conduzir o debate, a partir dos pontos relevantes	40
5. Margem de segurança de tempo	20

Para o debate preliminar, a orienta-se que sejam seguidas algumas questões apontadas no item 5.5 ou nos pontos relevantes (item 5.4).

6. Referências

ALVES, M. A.. Terceiro setor: as origens do conceito. In: Encontro Nacional dos Programas de Pós-graduação em Administração – ENANPAD. 26, *Anais...* Salvador: ANPAD, 2002.

_____. Quanto vale ou é por quilo? O terceiro setor na produção acadêmica da área de Administração no Brasil. In: Informativo ANPAD. n. 10, jan.-mar./2006. Disponível em: <http://www.anpad.org.br/>.

CONTROLADORIA Geral da União. *CGU diz que ONG's receberam menos recursos no governo Lula.* 26 out. 2007. Disponível em: <http://www.cgu.gov.br >.

FRANÇA FILHO, G.. Definindo gestão social. In: SILVA JR, J. T.; MASIH, R. T.; CANÇADO, A. C.; SCHOMMER, P. C. (Org.). *Gestão Social:* práticas em debates, teorias em construção. 1ed. Fortaleza: Imprensa Universitária, 2008. Coleção Enapegs, v.1.

KISIL, M. *Crise mundial poderá transformar o terceiro setor no Brasil.* Out. 2002. Disponível em: <http://www.idis.org.br/>.

LAMBRANHO, L.; MILITÃO, E. Um fabuloso mundo para a CPI das ONGs. Reportagens especiais. 31 out. 2007. Disponível em: <http://congressoemfoco.ig.com.br/>.

LEAL, H. Entrevista Sérgio Bianchi. Revista de Cinema. n. 26, out. 2006. Disponível em: <http://www2.uol.com.br/>.

LE MONDE Diplomatique Brasil. *CPI das ONGs:* iniciativa com defeito de nascença. São Paulo, v.1, n.5, p. 26-27, dez. 2007.

NEVES, M. M. *Marketing social no Brasil:* a nova abordagem na era da gestão empresarial globalizada. Rio de Janeiro: E-papers Serviços Editoriais Ltda., 2001.

SILVA JR, J. T. Gestão, fato associativo e economia solidária: a experiência da Asmoconp/Banco Palmas. 2004. 100 f. Dissertação (Mestrado em Administração) – Escola de Administração, Universidade Federal da Bahia, Salvador, 2004.

SOUSA SANTOS, B. *Reinvenção solidária e participativa do Estado.* Seminário internacional sobre sociedade e reforma do estado. 1998. Disponível em: <http://www.mare.gov.br/>.

TENORIO, F. G. Um espectro ronda o terceiro setor, o espectro do mercado: ensaios sobre gestão social. 2. ed. Ijuí: Ed. Unijuí, 2004.

_____. (Re)visitando o conceito de gestão social. In: SILVA JR, Jeová T.; MASIH, Rogério T.; CANÇADO, Airton C.; SCHOMMER, Paula C. (Org.). *Gestão Social:* práticas em debates, teorias em construção. 1ed. Fortaleza: Imprensa Universitária, 2008. Coleção Enapegs, v.1.

Sites visitados

http://congressoemfoco.ig.com.br
http://www.4shared.com
http://www.cgu.gov.br
http://www.idis.org.br
http://www.portaltransparencia.gov.br/
http://www.quantovaleoueporquilo.com.br

Capítulo 8 - O que você faria?

Themisa Araújo Barroso Pimentel
Leonel Gois Lima Oliveira

1. Introdução

Diversas abordagens podem ser obtidas no filme "O que você faria?" para serem debatidas e utilizadas em sala de aula. A globalização, a ética organizacional, a concorrência por uma vaga e as mulheres como executivas de organizações internacionais são alguns tópicos abordados ao longo da obra.

Essencialmente, o filme busca fazer uma ligação entre uma manifestação contra a globalização e um processo seletivo para executivo de uma multinacional que ocorrem simultaneamente em Madri, Espanha. Enquanto uns demonstram publicamente seu descontentamento com esse modelo de economia de repercussão mundial, outros almejam um emprego como gestor de uma empresa de alcance mundial.

Após esta parte introdutória, segue uma discussão teórica, uma breve descrição do enredo de "O que você faria?" e uma discussão do conteúdo observado no filme. Em seguida, apresenta-se uma nota de aula sobre a obra.

2. Discussão teórica

A expressão 'guerra de talentos', formulada pela empresa de consultoria Mackinsey, remete, à primeira vista, a uma forte competição entre as organizações buscando pessoas talentosas para serem seus funcionários, ou melhor, colaboradores. Um contexto de globalização amplia a compreensão do significado dessa expressão, fazendo com que as empresas utilizem as mais diversas técnicas de seleção para identificar o melhor candidato. Este caminho gera questionamentos como: quem são as verdadeiras pessoas talentosas? Quais são os impactos gerados nas práticas de recrutamento e seleção de pessoas? (ALMEIDA, 2004).

O processo seletivo busca escolher o candidato certo para um cargo na tentativa de otimização dos recursos das organizações. Os melhores candidatos vão sendo selecionados de acordo com o seu desempenho na medida em que vão passando os testes (PONTELO; CRUZ, 2006). A seleção apresenta-se, portanto, como uma atividade de escolha, opção e decisão. Por isto, é restritiva e serve como uma filtragem ou classificação da entrada de novos membros nas organizações (CHIAVENATO, 1999). Além disto, as organizações buscam perceber o potencial dos candidatos como forma de agregar mais valor para a sua missão e objetivos, apresentando-se como uma ampliação da finalidade dos processos seletivos (ALMEIDA, 2004).

Há uma grande variedade de métodos para comprovar as informações e habilidades dos candidatos e outras tantas cotidianamente são criadas, e a utilização de procedimentos múltiplos de seleção pode propiciar informações mais completas, permitindo que o processo de escolha seja adequado para a função em situações específicas (MILKOVICH; BOUDREAU, 2000). Almeida (2004) ressalta que a combinação de mais de uma técnica de seleção permite à organização avaliar as mesmas competências em momentos distintos, e reforçar o acerto de sua escolha.

Os formulários de inscrição, as cartas de apresentação e os currículos são as ferramentas iniciais mais comuns para a apresentação dos candidatos junto às organizações. Geralmente os formulários contêm uma série de questões que permitem às empresas julgar a adequação do indivíduo ao emprego. Costumam pedir informações pessoais (nome, endereço, telefone, dados legais, etc.), disponibilidade de horários, trabalhos desejados, nomes de referências e pequeno histórico dos trabalhos anteriores do candidato. Podem ainda trazer cláusulas como, por exemplo, em que os candidatos se comprometem a expor-se à verificação da veracidade das informações fornecidas, a passar por outros testes, à aceitação de um período probatório, dentre outras (MILKOVICH; BOUDREAU, 2000).

Os currículos e as cartas de apresentação são utilizados de forma semelhante aos formulários por parte das organizações. Esses documentos são analisados para a seleção de informações úteis dos candidatos, e as empresas recebem um grande número deles e em alguns casos são armazenados em bancos de dados para uma escolha futura quando necessário. A maioria das organizações busca obter informações adicionais junto a outras fontes (empregos anteriores, referências fornecidas, professores, etc.) (MILKOVICH; BOUDREAU, 2000).

A entrevista trata-se de outra técnica de seleção, geralmente ocorre após uma triagem dos candidatos selecionados a partir dos métodos de apresentação vistos anteriormente. Inicialmente, as entrevistas foram criticadas pelo seu subjetivismo, mas ao longo do tempo a técnica foi se aperfeiçoando e diminuindo as suas potenciais fontes de interferências (ALMEIDA, 2004).

A verificação de informações quanto a competências comportamentais e atitudes são coletadas através das dinâmicas de grupo. Estas consistem em vivências realizadas com grupos de pessoas que através de exercícios orientados para o alcance de objetivos específicos experimentam e refletem sobre o ocorrido (ALMEIDA, 2004).

Existem vários tipos de dinâmicas, podendo atuar isoladamente ou associadas, que são classificadas, segundo Almeida (2004) em:

- Vitalizadoras – possuem o objetivo de elevar a motivação do grupo, promovendo o aquecimento e ambientando os participantes;
- Harmonizadoras – visam o relaxamento dos participantes. São utilizadas geralmente antes de atividades que exijam uma maior concentração do grupo;
- Simulação – buscam ser uma reprodução do cotidiano, fazendo com que os candidatos atuem em cenários que se assemelham à modelos reais;
- Exercício de dinâmica principal – caracterizado por vivências que trabalham comportamentos e habilidades específicas do grupo que serão objeto de avaliação;
- Jogos empresariais – trata-se de uma disputa entre os participantes, possibilitando trabalhar diversos aspectos do comportamento. Possuem regras e critérios para a definição do vencedor; e
- Dramatização – consiste na representação de papéis que serão vivenciados na situação real.

As etapas do processo seletivo, em algumas circunstâncias, são tentativas de desequilibrar os candidatos emocionalmente, inclusive algumas delas colocam em dúvida as questões de ética organizacional. Naturalmente, questões de natureza ética emergem quando estas práticas são analisadas. Até que ponto podemos chegar para alcançar nossos objetivos profissionais passando por práticas como estas? Até que ponto as organizações podem provocar os candidatos em seus processos seletivos, chegando inclusive a interferir em suas vidas profissional e pessoal na busca por informações que os definam como talentosos colaboradores?

Oliveira (2002) ressalta que o sistema capitalista do estágio da globalização produz o não-homem. Estes são a causa e a conseqüência de um mundo desfragmentado pelo desemprego, pelas discriminações e pelo individualismo exacerbado. A noção de lealdade á organização é substituída por um foco na carreira do profissional. A instabilidade no emprego faz com que os indivíduos pensem somente em si, sem refletir as conseqüências de seus atos (SUAREZ; TOMEI, 2007). Um exemplo desses efeitos é o fato de muitos candidatos em processos seletivos estarem dispostos a tudo para conseguir uma vaga. Isto faz com que os profissionais de recursos humanos, por questões éticas, tenham cuidado para não colocar os candidatos em situações constrangedoras, afinal, como dito anteriormente, eles são capazes de tudo.

Outro foco de discussão é a presença da mulher no mercado de trabalho, com avaliação da questão da igualdade de condições e benefícios em relação aos homens. Ainda se percebe a existência de barreiras que impedem o avanço das executivas em condições iguais às dos homens; e na disputa por cargos de alto escalão, não é suficiente possuir qualificação semelhante, elas necessitam comprovar maior habilidade que os homens. Essas barreiras se sustentam sobre questões culturais que dominam os pensamentos de alguns executivos, tal como a crença de que as demandas domésticas atrapalharão sua dedicação às exigências corporativas (PRATES, 2006).

Por outro lado, o ingresso da mulher no mercado de trabalho lhe trouxe novas responsabilidades, sem, contudo, retirar as anteriores. Esse acúmulo de responsabilidades causa ressentimento nas mulheres, que precisam dividir-se e, às vezes, optar entre carreira e família (PRATES, 2006).

3. O conteúdo do filme

O que você faria?, título original *El Método*, dirigido por Marcelo Piñeyro, é um drama de co-produção espanhola, argentina e italiana produzida em 2005, baseada na peça teatral de Jordi Galcerán. O filme ganhou 2 prêmios Goya, nas categorias de melhor ator coadjuvante (Carmelo Gómez) e melhor roteiro adaptado. Foi ainda indicado nas categorias de melhor ator (Eduard Fernández), melhor revelação masculina (Pablo Echarri) e melhor edição.

O filme se passa em Madrid e aborda a última fase do processo seletivo da multinacional Dekia, na qual sete executivos concorrem a uma vaga na adminstração da empresa. Simultaneamente, ocorre uma reunião do Fundo Monetário Internacional (FMI) e do Banco Mundial, provocando grande manifestação pública na cidade.

Os candidatos já passaram por duas entrevistas e um teste psicotécnico, e, no filme, os acompanhamos durante a última fase da seleção: uma dinâmica de grupo baseada na metodologia Grönholm. Nenhum dos candidatos conhece este método, mas, ao longo do dia, percebem que as atividades da dinâmica produzem extrema tensão emocional, pois, em cada etapa, precisam lutar por sua sobrevivência na seleção.

O método utiliza ferramentas bastante questionáveis. De início, Montse (Natália Verbeke), a secretária da Dekia, lhes solicita que preencham, pela terceira vez, um formulário, cujas informações já estão expostas em seus currículos. Em seguida, os candidatos aguardam numa sala a chegada de algum funcionário que conduza a seleção. Com o passar do tempo, verificam que estão isolados e que recebem as instuções de cada etapa através de computadores instalados na mesa central.

Os executivos são informados que um deles é um falso candidato, pois pertence ao departamento de seleção de pessoal da empresa e está ali para avaliá-los de perto. Como primeira tarefa, eles têm que indicar quem é o "espião". Como a empresa não confirma as suposições do grupo, cria-se um clima de desconfiança e precaução, que perdura por toda a seleção.

A segunda tarefa é eleger por consenso um líder para o grupo. Júlio Quintana (Carmelo Gómez) é eleito e, imediatamente, aparece na tela dos computadores uma matéria de jornal sobre um episódio de sua vida profissional: há três anos, Júlio denunciara por poluição a empresa de pesticidas para a qual trabalhava. Entretanto, a informação não foi fornecida pelo candidato à Dekia! O grupo deve agora analisar o posicionamento de Júlio sob a ótica do departamento de seleção desta, julgando sua lealdade à organização e decidindo sua permanência no processo. Os executivos votam pela exclusão de Júlio.

Na terceira etapa, solicita-se aos candidatos que imaginem estar em 2013, o planeta está coberto por uma nuvem radioativa após a 3ª guerra mundial e eles se refugiaram em um abrigo nuclear equipado para suprir todas as necessidades humanas em 20 anos. Porém, não há lugar para todos e, mais uma vez, eles precisam escolher alguém para deixar o abrigo e, consequentemente, a seleção.

Cada executivo deve defender sua permanência através de argumentos comprováveis. Um amplo debate surge entre Carlos (Eduardo Noriega) e Ana (Adriana Ozores), uma executiva com mais de quarenta anos. A exposição de argumentos é intensa e desperta nela uma indignação com a condição feminina nas organizações, provocando fortes agressões verbais por sua parte. Ana é a excluída nesta etapa.

Durante o intervalo de almoço, Ricardo (Pablo Echarri) e Enrique (Ernesto Alterio) observam as manifestações contra o FMI e Banco Mundial e inicia-se uma discussão sobre globalização, desemprego e organizações. Ricardo confessa que trabalhava em uma estatal argentina que foi privatizada e, durante este processo, tornou-se o porta-voz das reinvindicações trabalhistas na organização. Montse escuta o final da conversa e pergunta a Enrique sobre o que falavam. Enrique não quer contar o segredo que o colega omite desde o princípio do processo seletivo. Mas a secretária o pressiona: "você sabe algo que a organização deveria saber? Você está omitindo informações importantes?". Nervoso, Enrique entrega Ricardo e posiciona-se contra o passado sindical do executivo. Acontece, então, uma revelação da trama: Ricardo é o "espião"!

O retorno de Ricardo ao processo seletivo, agora como membro do departamento de seleção de pessoal da Dekia, desestabiliza Enrique, um personagem que representa o estereótipo do profissional que sempre quer agradar a todos. As inconsistências de seus posicionamentos o excluem da seleção.

A quarta tarefa incorre na exclusão de Fernando de Monagas (Eduard Fernández), um profissional que representa a "velha-escola", com poucos conhecimentos linguísticos, poucas habilidades interpessoais e profundamente machista e autoritário.

"Sobrevivem" os candidatos Carlos e Nieves (Najwa Nimri), que tiveram um caso amoroso no passado e agora concorrem pela vaga. O desfecho da trama é muito interessante, envolvendo discussões sobre realização pessoal e profissional, tais como família *versus* carreira e união *versus* competição.

4. O conteúdo no filme

A globalização é abordada de forma transversal ao longo da obra. No princípio do filme, enquanto os sete executivos se dirigem à última etapa do processo seletivo da multinacional espanhola, um radialista indignado com as manifestações públicas e o caos instalado em Madrid naquela manhã de reunião do FMI com o Banco Mundial comenta: "Eles querem manifestar-se, mas não querem respeitar o nosso direito de trabalhar. Eles manifestam-se contra as empresas multinacionais e correm da nossa polícia com os sapatos fabricados por estas mesmas multinacionais". O comentário desperta uma reflexão: até que ponto, em um mercado globalizado, os interesses da força produtiva e das organizações são opostos?

Uma das conseqüências da globalização é o mercado altamente competitivo, que exige das organizações uma busca desesperada por eficiência e eficácia para garantir sua sobrevivência. Por outro lado, a força produtiva é ameaçada pelo desemprego e pela insegurança no trabalho. Esta sensação de instabilidade é percebida no filme quando os candidatos se submetem a situações extremas por uma vaga de trabalho, tais como comer comida estragada e suportar retaliações agressivas. Melo (2006) destaca a importância da humanização das ações promovidas pelo setor de recursos humanos, ressaltando sua responsabilidade e interferência na vida profissional e pessoal dos indivíduos.

Este e outros conflitos do mundo corporativo são abordados em "O que você faria?" através da observação do comportamento dos sete candidatos durante o processo seletivo da multinacional.

Considerando que o sucesso de uma organização está diretamente ligado ao conhecimento, às habilidades e às atitudes de seus colaboradores, além de sua capacidade para trabalhar em grupo, as empresas precisam dedicar grande empenho à seleção de novos colaboradores, de forma a incorporar aqueles que não só atendem as necessidades do cargo, como também estão de acordo com os valores organizacionais (MILKOVICH; BOUDREAU, 2000). A seleção externa é o primeiro contato direto da organização com os futuros colaboradores, sendo um bom momento para introduzir a missão e os valores da empresa. Assim, será possível orientar a ação dos candidatos e melhorar sua avaliação.

Entretanto, cooperação e "espírito de equipe" são valores de difícil implantação, especialmente quando se pensa nas etapas de um processo seletivo. O personagem Ricardo externaliza este conflito: "Que grupo? Estamos competindo pela mesma oportunidade de trabalho". Fernando complementa: "A primeira coisa que será avaliada será nossa capacidade de obter resultados". Desta forma, a empresa não deveria incentivar e valorizar comportamentos de cooperação ao invés de competição nos candidatos? E como o responsável pela seleção pode inspirar nos candidatos estes valores se eles estão inseridos num ambiente de extrema competitividade?

Na segunda tarefa, quando os candidatos analisam o posicionamento de Júlio Quintana ao denunciar a empresa, ele defende seu comportamento com a frase: "O que teremos que discutir é: quais são as conseqüências de nossas decisões. Se a empresa lhe pedisse, você faria algo ilegal?" Essa cena provoca uma reflexão entre ética profissional *versus* lealdade à organização. Quando um profissional ultrapassa a autoridade das decisões empresariais em prol de um bem maior para a sociedade e o meio ambiente, por um lado, demonstra seriedade, comprometimento e ética; por outro lado, este comportamento prejudica sua imagem junto às empresas, que hesitarão em contratar um profissional que poderá trair sua confiança.

Quanto à terceira tarefa, que incorre na exclusão de Ana, identificam-se duas possibilidades de abordagem: a presença da mulher em cargos de alto escalão e o *trade-off* juventude *versus* experiência. Ao sair derrotada, ela questiona: "Vocês estão me tirando por eu ser mulher, por já ter passado dos quarenta ou por ambas as coisas?".

Considerando os comentários de Prates (2006), ainda hoje as mulheres são discriminadas na disputa por cargos na alta administração e, em alguns casos, recebem salários mais baixos que homens com o mesmo nível de responsabilidade. A necessidade de demonstrar constantemente que se equiparam aos homens cria um ambiente de tensão entre mulheres e homens nas organizações. Além disso, a "dupla-rotina" faz com que algumas mulheres escolham entre família e carreira. É o caso da personagem Nieves, uma executiva decidida e bem-sucedida, que sabe vencer no universo masculino, mas que se sente insatisfeita e angustiada por não haver constituído família.

O *trade-off* juventude *versus* experiência se refere à competição entre profissionais mais jovens e aqueles de maior idade que possuem visões distintas do mercado de trabalho. A juventude se refere aos personagens cujo desenvolvimento está focado na carreira profissional.

Eles investem na ampliação de seus conhecimentos e se adaptam naturalmente às mudanças do mercado, pois possuem, interiormente, a noção de que os empregadores não são fornecedores de estabilidade e segurança. A experiência é retratada por personagens que valorizam a manutenção dos modelos que "costumam dar certo" e embasam suas decisões em seu *feeling* de mercado. Eles sofrem para adaptar-se às mudanças, que chocam seu pensamento cristalizado e desestabilizam suas emoções, prejudicando-os ao longo da seleção.

Esta etapa do processo nos permite ainda uma reflexão sobre a efetividade e o êxito das dinâmicas de grupo. "Não acredito no que eu disse, estava apenas representando para ganhar o jogo", Carlos confessa a Ana antes de sua saída. Desse modo, como ter certeza se o comportamento observado nas dinâmicas é verdadeiro? Os candidatos interpretam papéis na tentativa de agradar os avaliadores, fingindo comportar-se de acordo com a missão e valores institucionais.

Em alguns casos, a tentativa de agradar é tão evidente que o candidato se demonstra indeciso e inconstante em suas respostas. Nestes casos, ele não imagina como o avaliador preferiria ser contestado. A dúvida torna-se um entrave para a tomada de decisão e, portanto, não é bem vista no mundo organizacional. Enquanto um posicionamento bem defendido assume um lugar de destaque, principalmente num processo seletivo.

A intensidade do sentimento de competição aumenta no decorrer do processo seletivo. A disputa assume proporções elevadas, deixando os candidatos emocionalmente esgotados. Esta situação apresenta-se como o reflexo de uma sociedade cada vez mais individualista e efêmera. A cena que encerra o filme revela a última eliminada arrasada caminhando pelas ruas de uma cidade devastada após as manifestações populares. E os cartazes fixados nos muros levantam o questionamento: Outro mundo é possível?

5. Nota de Aula

Neste item apresentamos uma nota de aula, que poderá servir de base para a exploração do filme em usos educacionais.

5.1. Argumento do filme

O filme "O que você faria?" retrata um processo seletivo para executivo de uma multinacional no mesmo dia que ocorre uma reunião do FMI e o Banco Mundial. O individualismo profissional e o mundo globalizado são temas debatidos ao longo da obra. Sete candidatos encontram-se isolados numa sala e recebem as informações de cada etapa da seleção através de computadores. As etapas colocam os candidatos em situações limites, exigindo que tomem decisões em situações emocionalmente desestabilizadoras. São empregadas técnicas de seleção bastantes polêmicas, mas que estão presentes no universo organizacional. Algumas são questionáveis quanto ao ponto de vista da ética, outras são consideradas clássicas na área de gestão de pessoas.

5.2. Utilização recomendada

O filme se aplica fundamentalmente a cursos de graduação em Administração e Psicologia. Em termos de disciplina, o texto pode ser usado principalmente em Gestão de pessoas, Administração de recursos humanos, Ética Empresarial, podendo ser útil também em Tópicos avançados e em Administração contemporânea. Os objetivos educacionais podem ser:

- Ilustrar o processo seletivo de uma empresa;
- Debater sobre questões de ética nas etapas da seleção;
- Apontar e debater as conseqüências das ações das multinacionais numa sociedade globalizada;
- Debater sobre a privacidade e a publicidade da vida das pessoas no universo organizacional.

5.3. Indicações para coleta de anotações

Para facilitar o debate após a exibição do filme, é recomendável que sejam anotados detalhes sobre os seguintes pontos:

- Nos momentos iniciais, apontar as principais indicações de contextualização da presença das multinacionais;
- Os momentos de elevada tensão emocional dos personagens e associar com as etapas do processo seletivo;
- Os momentos em que a empresa tem conhecimento sobre maiores detalhes da vida dos candidatos;
- Identificar elementos da participação da mulher nas organizações, apontando possíveis conflitos de gênero, submissão, assédio, etc;
- Os momentos em que se percebe a adoção de técnicas persuasivas independentemente de suas conseqüências.

5.4. Pontos relevantes

Apresentamos a seguir alguns aspectos que podem servir de tópicos de debate na discussão do conteúdo após a exibição do filme:

- Interesses individuais *versus* interesses coletivos;
- Vida pessoal *versus* vida profissional;
- A busca pela realização pessoal está acima da moral e da ética;
- A interpretação de papéis para a obtenção de sucesso no processo seletivo;
- Clareza nos argumentos e firmeza nas decisões quando for exigido;

5.5. Questões

Algumas questões que podem servir de base para debates em pequenos grupos estão apontadas abaixo. A disposição de tempo pode determinar quantas e quais podem ser usadas em cada situação.

- Em nenhum momento do filme é apresentado o cargo a ser ocupado pelo candidato aprovado. Qual cargo é coerente com as técnicas de seleção apresentadas no filme?
- Até que ponto o candidato deve se submeter às etapas de um processo seletivo do tipo verificado?
- Até que ponto nossa vida pessoal e profissional deve ser exposta para o nosso empregador atual ou futuro?
- Você participaria de um processo seletivo como este? Justifique. Comente caso já tenha participado de algo semelhante.
- Você utilizaria alguma destas técnicas num processo seletivo de sua empresa ou da organização que você trabalha? Justifique. Comente caso adote alguma dessas técnicas e aonde você a conheceu.

5.6. Método recomendado

A atividade relacionada ao filme deve perpassar quatro horas-aula (200 minutos). Recomendam-se duas possibilidades:

ATIVIDADE	TEMPO (min.)
ALTERNATIVA 1	
1. Debate preliminar sobre Processo Seletivo e Ética Organizacional	10
2. Solicitar que o filme seja visto em casa, ou expor em sala de aula	140
3. Fazer um resumo oral do filme	10
4. Direcionar a formação dos grupos e apresentar as questões de debate	40
ALTERNATIVA 2	
1. Debate preliminar sobre Processo Seletivo e Ética Organizacional	10

2. Expor em sala de aula algumas partes do filme	60
3. Conduzir o debate, a partir dos pontos relevantes	60
4. Direcionar a formação dos grupos e apresentar as questões de debate	60
5. Margem de segurança de tempo	10

Para o debate preliminar, as seguintes questões podem ser colocadas (a extensão do debate depende da alternativa definida):

- Quais as conseqüências da ausência de práticas éticas em organizações empresariais?
- Até que ponto uma empresa pode desestabilizar emocionalmente um candidato num processo seletivo?

6. Referências

ALMEIDA, W. *Captação e seleção de talentos.* São Paulo: Atlas, 2004.

CHIAVENATO, I. *Planejamento, recrutamento e seleção de pessoal:* como agregar talentos à empresa. 4. ed. São Paulo: Atlas, 1999.

MELO, I. Competição desumana. *Diário do Nordeste.* Fortaleza, 08 dez. 2006. Caderno 3.

MILKOVICH, G. T.; BOUDREAU, J. W. *Administração de Recursos Humanos.* São Paulo: Atlas, 2000.

OLIVEIRA, M. A. *Desafios éticos da globalização.* 2. ed. São Paulo: Paulinas, 2002.

PONTELO, J.; CRUZ, L. *Gestão de pessoas:* manual de rotinas trabalhistas. São Paulo: Senac, 2006.

PRATES, F. A hora e a vez delas?. *Melhores Empresas para Trabalhar.* São Paulo, ago. 2006. Disponível em: <http://portalexame.abril.com.br/servicos/melhoresempresasparatrabalhar/m0099721.html>. Acesso em: 27 de março de 2009.

SUAREZ, M. C.; TOMEI, P. A. Longe de um final feliz? Uma análise das novas relações de trabalho a partir do filme Em Boa Companhia. In: Encontro de Gestão de Pessoas e Relações de Trabalho – EnGPR, 1., Natal, 2007. *Anais eletrônicos...* Natal: ANPAD, 2007.

Sites:

O que você faria? Disponível em: http://www.adorocinema.com/filmes/o-que-voce-faria/o-que-voce-faria.asp. Acessado em: 17/03/09

DIOGO. B. O que você faria? Disponível em: http://www.cinemacomrapadura.com.br/criticas/727/o_que_voce_faria?_(el_metodo_2005). Acessado em 17/03/09

LUX A. A Corporatrocacia em ação. Disponível em:

<http://www.novae.inf.br/>. Acessado em 17/03/09

Capítulo 9 – O Corte

Anderson Queiroz Lemos
Elias Pereira Lopes Júnior
Rodolfo Jakov Saraiva Lobo

1. Introdução

Os planos de demissão em massa propiciados pelas organizações competitivas na era da pós-modernidade e suas conseqüências, cada vez mais envolventes na estrutura familiar, têm provocado diversas alterações na estrutura social e financeira das pessoas acometidas pelo desemprego. As piores conseqüências observadas são o rompimento da estabilidade familiar e o fim do lastro financeiro, provocando toda uma alteração dos padrões de vida já estabelecidos. Os temas referentes à capacitação profissional, inutilidade e responsabilidade social empresarial estão diretamente associados à obra cinematográfica apresentada neste capítulo.

Não são raros os casos de suicídio que ocorrem nas circunstâncias de intensa competição, especialmente nos casos em que o provedor da família simplesmente não resiste às pressões e acaba por tomar medidas extremas. É nesse contexto que o filme "O corte" se insere.

Dessa forma, este trabalho está estruturado da seguinte maneira: uma primeira visualização, com a apresentação da questão da demissão em massa e aspectos relativos ao desemprego, também abordando a questão da responsabilidade social e da competitividade industrial, encerrando com a necessidade da capacitação no mercado de trabalho e a questão da inutilidade; em seguida apresenta-se o conteúdo do filme, com o roteiro e uma síntese da obra e sua ficha técnica; o conteúdo no filme trás a descrição das cenas com ênfase nas temáticas da área de Administração; e por fim a nota de aula aponta os direcionamentos de como o filme pode ser abordado em sala de aula.

2. Uma primeira visualização

Uma característica marcante nas crises é a dificuldade de vislumbrar, com confiança, a causa ou causas que as detonam. Até mesmo quando tudo parece estar indo bem, inexplicavelmente elas emergem causando caos e transtornos. De acordo com Oliveira (1994, p. 26), "a palavra crise, no contexto empresarial, virou sinônimo de turbulência, desequilíbrio, transformações e mudanças aceleradas, que abrangem uma rede complexa de problemas interligados. As organizações geralmente usam os mesmos critérios para avaliar se estão ou não em crise, baseados principalmente em indicadores financeiros como lucro, faturamento anual e evolução no mercado".

Um fator desencadeador de crises foi a globalização da economia, que trouxe consigo mudanças aceleradas, às quais os negócios precisam se adequar para sobreviver no mercado, tais como avanços tecnológicos, acirramento da concorrência, fusões, incorporações e privatizações, realocação e fechamento de unidades, dentre outros. Estes aspectos são os principais responsáveis pelo aumento freqüente do número de demissões e da falta de emprego.

De fato, com o aparecimento das crises, uma ação comum por parte de muitas empresas é demitir funcionários. Os cortes de pessoal podem ocorrer de forma superficial ou de forma planejada. O corte superficial é aquele que a organização demite pessoal na proporção da queda de demanda, onde os funcionários cortados são temporários e possuem baixa qualificação. Já o corte planejado é baseado em abrangente processo de reestruturação, que atinge todos os níveis de funcionários das empresas, e os empregados dispensados tendem a não ser repostos no futuro. Neste caso, esta reestruturação da empresa estaria relacionada à tentativa de aumentar a sua competitividade.

Em momentos de crise, as empresas também têm que levar em consideração os investimentos feitos nos funcionários, pois quando estas se recuperarem, terão muito mais gastos para recrutar e treinar novos empregados do que mantendo os atuais. Motivar e buscar maneiras de incentivar o empenho dos funcionários pode ajudar as organizações a enfrentar os conflitos do mercado. Neste sentido, uma análise mais profunda a respeito do corte de pessoal pode evitar problemas futuros e, conseqüentemente, o agravamento da crise. Vale ressaltar que o conhecimento é gerado a partir das pessoas, e que conhecimento é patrimônio, portanto nem sempre o corte de pessoal pode ser considerado como a melhor saída para redução de custos.

Um caso típico do poder dos funcionários é o da empresa de aviação Varig. Em setembro de 2003, o montante da dívida da empresa superava o seu patrimônio líquido, com um saldo negativo de 4,52 bilhões de reais, e no ano anterior (2002) a Varig teve prejuízo de 2,87 bilhões de reais, 78% pior do que no ano de 2001 (GUSMÃO, 2003). Pior cenário parecia impossível. Mas apesar da situação de crise e do cenário turbulento, os onze mil funcionários da organização não se deixaram abater e continuaram trabalhando empenhados em ajudar a empresa a se recuperar. Apesar de toda conjuntura, a empresa não realizou demissão em massa e optou por investir cada vez mais no seu corpo funcional. Em 2002, foram destinados 15 milhões de dólares para treinamento de funcionários. Sendo que 44% dos funcionários da Varig, chamados internamente de "variguianos", estão na companhia de 6 a 18 anos e

22% a mais de 18 anos. A empresa optou por manter a coesão dos funcionários na luta contra a crise e mesmo os profissionais demitidos se engajaram na batalha (GUSMÃO, 2003).

A atitude tomada pela Varig remete ao atual papel das empresas na sociedade, e com isso gera estímulo nos pesquisadores para cada vez mais discutir o assunto. Esta sociedade influencia fortemente os mercados exigindo também a participação e a atuação das organizações em outros aspectos além do econômico, como político, cultural e social.

Retomando a questão do desemprego, tanto na literatura quanto na arte cinematográfica podemos encontrar subsídios que ajudam a entender este fenômeno. No cinema temos a obra clássica de Charles Chaplin, no inteligente e atual Tempos Modernos. No campo teórico podemos destacar a obra de Richard Sennett, intitulada de 'A cultura do novo capitalismo'.

As evidências empíricas do desemprego são constatadas em diversos continentes evoluídos e os que ainda estão em desenvolvimento. O fato acontece nas economias ricas da America do Norte e da Europa, onde o número de pessoas que procuram trabalho e não encontram é crescente. Diferentes fenômenos que geram o desemprego podem ser especulados, entretanto a automação, o talento e a inutilidade têm sido estudados com certo destaque.

Estamos na era dos computadores e da informação, nesse sentido, o ativo mais importante é o conhecimento, que é percebido pelas organizações como patrimônio adquirido. Entretanto, para adquiri-lo o indivíduo precisa de capacitação. O problema é que mesmo estando, conforme Senett (2006), na chamada "sociedade das capacitações", esta não tem sido suficiente para garantir a empregabilidade. Senett (2006) argumenta que muitas das pessoas que estão enfrentando o desemprego passaram pelo processo de capacitação, desde a infância até a assumirem por conta própria. Mas há um entendimento atual de que somente a capacidade de assimilar informações não tem sido suficiente para o sucesso e manutenção do emprego.

A capacitação de uma pessoa para desenvolver algo, ou de uma maneira mais abrangente, o talento, são questões que envolvem temas de economia, psicologia e de sociologia, e ainda pertinentes a administração, que tem na área de recursos humanos o objetivo de gerenciar os talentos por meio da gestão de conhecimento e competências.

Nesse sentido, desenvolve-se uma atenção especial a esse tema, pois uma pessoa talentosa pode gerar valor econômico à organização, e conseqüentemente vantagem competitiva. Oliveira (2005, p. 187) entende que talento "tem sido, freqüentemente, associado a algo de peso ou precioso e vincula-se a uma habilidade inata ou adquirida". As pessoas dotadas dessa característica têm que se fazer perceber em meio a outras para adquirir vantagem na manutenção ou conquista de uma ocupação profissional.

O fato de o mercado de trabalho buscar talentos mais baratos tem mostrado conotações de preconceito, quando associa essa busca a jovialidade da nova força de trabalho que desponta a todo o momento. Sennett (2006) entende que na economia moderna, a idade, como critério de medida da inutilidade, tem sido vista de duas maneiras. A primeira por preconceito, onde segundo pesquisas realizadas pelo autor, este encontrou evidências de que os funcionários mais velhos eram vistos como lentos, acomodados e com pouca criatividade (tanto em instituições publicas quanto privada). Essa faixa etária que se encontra no limiar do desemprego nem é tão avançada assim, e em estudos recentes Sennett (2006) constatou que essa classe é composta de homens de classe média e de meia idade. O outro ardil utilizado para contratar jovens tem sido o aspecto econômico, uma vez que o indivíduo mais jovem ao mesmo tempo em que sai mais barato, causa menos problemas a mudanças estruturais na organização, como por exemplo, a reengenharia.

Uma nova concepção organizacional ganha um arcabouço mais profundo e complexo, que é a gestão da inutilidade. O prolongamento da vida útil profissional (elevação da idade para aposentadoria) é uma tentativa de diminuir o déficit previdenciário; entretanto, apesar de assumirmos a responsabilidade ao ingressarmos no jogo do capitalismo, essa responsabilidade de manutenção da ordem social acaba recaindo sobre o estado que terá de promover benefícios aos necessitados.

3. O conteúdo do filme

A obra cinematográfica *O corte*, cujo título original é 'Le Couperet', (2005), é uma co-produção belga, francesa e espanhola. O longa metragem foi dirigido por Costa-Gavras, que também conduziu obras como: Desaparecidos (1982) e Amém (2002). Em *O corte*, Gavras utiliza-se muito bem do humor negro para abordar temas como a concorrência no mundo corporativo, o próprio desemprego e a recente crise econômica na França.

O filme contrasta com problemas sociais recentes vividos no continente europeu, em especial na França, país onde roda o longa. No filme, o desemprego de Bruno (vivido por José Garcia) é causado, por uma reestruturação e redução de custos na empresa de celulose onde trabalha há 16 anos. A justificativa da firma provoca uma revolta no protagonista (Bruno) que se auto-alimenta por dois longos anos, período em que permanece sem sucesso a procura de emprego.

Vitimado pelas pressões inerentes a um chefe de família, pela perda do controle e pela necessidade de manter-se útil à sociedade, Bruno se vê tomado por um desejo de perverter a ordem imposta pela competitividade industrial e parte para uma atitude extrema, a de assassinar todos os potenciais concorrentes a uma vaga de executivo que ele tanto almeja. Seu sucesso como algoz é ocasionado por uma série de situações que o favorecem, entretanto, no final do filme uma evidência de que o sistema é cíclico está para tornar Bruno o próximo da lista.

A maneira como a literatura vem abordando as conseqüências para as organizações em crise torna inevitável associar tais aspectos a era da pós-modernidade. Não que se trate de um modismo, é que o filme se confunde com o ciclo atual do desenvolvimento econômico, assim, levando ao extremo as conseqüências e necessidades de um homem de meia idade, que tenta se manter ativo e útil.

No filme, o leque de prioridades elencadas pela indústria moderna na era da competição não se desvirtua da realidade pós-industrial, ou seja, as prioridades econômicas são mais importantes que as conseqüências sociais provocadas numa demissão em massa. Entende-se que o estado é que assume a responsabilidade pelas falhas do capitalismo, não que se opte por outra estrutura.

Podemos retirar como conclusão que a questão da recolocação profissional, a desestabilidade econômica e a queda do consumo familiar, que acaba por desestruturar toda uma cadeia produtiva interconectada, além dos transtornos psicológicos que provocam a diminuição da produtividade e da eficiência profissional (tão estudadas por Taylor) são pontos importantes e presentes no cotidiano de quem passa pela situação do desemprego.

4. O conteúdo do filme

O filme mostra o cotidiano de um indivíduo que foi demitido após ter dedicado sua vida a uma organização empresarial. É importante frisar que tipo de organização estamos falando, pois é no sistema capitalista que operam as organizações empresariais. Apesar de a obra retratar a vida de um homem de meia idade e possuidor de uma expertise específica, que por dois anos procura uma recolocação profissional, milhares de pessoas são demitidas diariamente no mundo, provocando emigração e aumento de competitividade independente de onde esteja a oferta de trabalho.

O assunto da demissão traz em seu contexto outras questões que estão diretamente ligadas, como a questão da necessidade de capacitação e habilidade (talento). No filme, podemos perceber que Bruno, que já estava há muito tempo no ramo de papeis e se sentia seguro de sua posição, demorou a conseguir marcar uma entrevista numa empresa de embalagens.

Apesar da experiência que nós adquirimos ao longo de nossas carreiras profissionais, a sensação de sermos superqualificados pode se tornar uma desvantagem competitiva, fato que se torna bem evidente no momento em que o protagonista vai ser entrevistado e claramente não se sai bem no processo seletivo, e um dos motivos foi a prepotência oriunda se sua superqualificação. Apesar da idade de Bruno não ter sido fator preponderante nesse momento, em outras cenas do filme há evidências de preconceito por parte da indústria (de uma maneira geral) em não contratar pessoas acima dos 40 anos.

Durante os diversos diálogos, que inusitadamente acontecem entre Bruno e suas futuras vítimas, tomamos parte de como nem a experiência e nem o talento foram condições *sine qua non* para que os diversos personagens (e todos muito bem qualificados, tipo químicos e engenheiros de diversas categorias) pudessem novamente ingressar no mercado de trabalho.

É importante ressaltar que a definição de responsabilidade social empregada pela literatura (Instituto Ethos, ou por autores como Duarte e Dias (1986)) trata da questão como forma de que a empresa deva conduzir os seus negócios de maneira que esta se torne parceira e co-responsável pelo desenvolvimento social, atendendo e se antecipando à demanda de diferentes segmentos, os *stakeholders* ou partes interessadas.

No filme podemos perceber que a visão da empresa que Bruno trabalhava era estritamente de atender aos anseios dos acionistas, sem levar em consideração as conseqüências sociais que suas ações promovem. Evidentemente, o pensamento dos acionistas é percebido como clássico, de forma que o acionista ainda é visto como o único, ou pelo menos o primeiro a ter seus interesses atendidos.

De fato, a competitividade organizacional tem se desenvolvido de uma forma tão rápida e complexa, que os dirigentes ainda se vêem num sistema organizacional tradicional (cartesiano), onde tudo pode ser previsto. Ora, como já dizia o escritor e poeta Oscar Wild, "a vida imita a arte", e é nesse sentido que o filme apresenta as inúmeras situações que se confundem com o nosso cotidiano empresarial.

A concorrência empresarial, ou em nível da concorrência industrial, tem por natureza provocar o equilíbrio do sistema, de forma que este se mantenha em funcionamento. Deve ser bem claro a todo acadêmico de Administração, Economia, ou área de negócios, que o objetivo primeiro de toda organização empresarial (para uma melhor definição ver Roberto e Serrano Rey (2007)) é auferir lucro. Com a competitividade, fica claro que aumenta a concorrência, assim cortes e reengenharias têm de ser feitos para que a margem de lucro permaneça aceitável aos acionistas.

No filme, podemos perceber que a necessidade de automação industrial e de inovação estão diretamente ligadas a competitividade. No nosso mundo empresarial também é assim, de forma que somos pressionados diariamente a sermos criativos e ecléticos. Assim, percebemos que não somente as organizações têm se tornadas competitivas, mas sim as pessoas que as compõem.

Este é o cerne da questão do filme, no qual Bruno, antes de atingir seu objetivo de se tornar um importante executivo e posteriormente vencer a concorrência empresarial, precisa eliminar os seus concorrentes pessoais. Contudo, o extremo a que chega Bruno serve para realizarmos uma análise crítica, oferecendo assim a oportunidade de identificarmos vários aspectos a respeito da obra em questão.

Em primeiro lugar há a questão ética, moral e social que diz respeito às indústrias na modernidade. As relações entre demissão em massa e caos social, muitas vezes difíceis de serem controladas e resolvidas pelos governos. Tem-se também a relação do filme com a nova era da competitividade industrial que encerra e recria todo um ciclo de desenvolvimento econômico, antes descrito por Schumpeter (1997). Por fim, as discussões com a sociedade em geral a respeito da necessidade de reavaliação das prioridades organizacionais que visam atender primeiro aos *shareholders* que ao público interno.

5. Nota de Aula

Neste item apresentamos uma proposta de nota de aula para contribuir com a exploração do filme no contexto de sala de aula.

5.1. Argumento do filme

O corte relata a vida de Bruno Davert, no início da trama, tido como um chefe de família presente e um executivo que honra seus compromissos éticos e morais. Sua vida se transforma após uma demissão em massa da indústria de papel local que acometeu não só ele em desgraça, mas outros executivos que passam a disputar as mesmas oportunidades de trabalho. O protagonista, que despreza as oportunidades mais simples de emprego e se vê frente a um desafio de conquistar um almejado posto de executivo, passa então a executar um plano arriscado que o levará ao topo da pirâmide organizacional. Dentro deste contexto, a sua vida e de sua família, passa por uma conturbada seção de traumas, em que somente Bruno sabe o desfecho da história. Ao final, ele se torna um importante executivo da indústria de papel, porém sua estabilidade agora está ameaçada por outra pessoa que infere num plano tão astuto quanto foi o seu, tudo contextualizado nesse cenário tão complexo e organizacionalmente competitivo dos anos 2000.

5.2. Utilização recomendada

O filme se aplica a mais de um nível acadêmico, podendo ser aplicado em cursos de graduação ou pós-graduação (nível *lato sensu*), e em disciplinas como: Ética nos negócios, Teorias da administração, Recursos humanos, Fundamentos de sociologia, Tópicos avançados em administração contemporânea, entre outras. Os objetivos educacionais podem ser:

- Apontar e debater as conseqüências das saídas de empresas de determinados locais, gerando um caos econômico e social para aquele entorno;
- Ilustrar as relações éticas empresariais presente na era da competitividade industrial;
- Analisar de forma crítica a relação entre concorrência no mundo corporativo, o próprio desemprego e a crise econômica;
- Debater as relações entre competitividade, ética e responsabilidade empresarial.

5.3. Indicações para coleta de anotações

A seguir sugerimos guias para coleta de informação, por parte dos estudantes, ao assistirem o filme.

- Críticas à necessidade do ser humano ser útil somente enquanto é produtivo;
- Os males causados pela questão moral e ética na era da competitividade organizacional;
- Críticas dos processos de reengenharia relatados na obra;
- Críticas quanto ao interesse organizacional de que os funcionários tenham autodisciplina e independência.

5.4. Pontos relevantes

Alguns pontos relevantes que podem contribuir para um melhor aproveitamento do filme estão apontados a seguir.

- A questão da demissão em massa e os efeitos gerados pela demanda disponível que pretende novamente se inserir no mercado;

- O pensamento clássico dos executivos no que concerne ao foco nos *shareholders*;
- O padrão de processo seletivo realizado no filme e no cotidiano organizacional em que vivemos;
- O alcance da realização profissional está acima de toda a moral e ética comuns;
- O desemprego e a falta de expectativas destroem a estrutura familiar;
- O instinto de preservação do ser humano no sentido de buscar manter um equilíbrio sistêmico da espécie (verificar fundamentação também na abordagem evolucionista).

5.5. Questões

A seguir apontamos algumas questões que podem nortear o desenvolvimento de atividades de discussão em pequenos grupos.

- O estado é responsável por manter, em longo prazo, os programas assistenciais?
- Como você percebe a possível criação de uma economia do ócio gerada pelos programas assistencialistas do governo?
- Quais são os principais dados estatísticos relacionados ao número de pessoas sem atividade econômica no Brasil, e sua opinião a respeito da forma como o estado ampara estas pessoas?
- Por que os governos não conseguem transformar o crescimento de seus PIBs em aumento de postos de trabalho nem de salários?
- Como analisar, no contexto organizacional, a importância da gestão do conhecimento e das competências na atualidade?

5.6. Método recomendado

As atividades relacionadas ao filme devem transcorrer em três horas-aula (150). Recomendam-se duas possibilidades:

ATIVIDADE	TEMPO (min)
ALTERNATIVA 1	
1. Debate preliminar sobre os impactos da Hipercompetição no universo corporativo;	10
2. Solicitar que o filme seja visto em casa, ou expor em sala de aula;	120
3. Direcionar a formação dos grupos e apresentar as questões de debate;	20
ALTERNATIVA 2	

1. Debate preliminar sobre os impactos da Hipercompetição no universo corporativo;	20
2. Expor em sala de aula uma parte do filme	50
3. Fazer um resumo oral do filme (junto com o grupo);	10
4. Conduzir o debate, a partir dos pontos relevantes;	30
5. Direcionar a formação dos grupos e apresentar as questões de debate;	30
6. Margem de segurança de tempo.	10

Para o debate preliminar, as seguintes questões podem ser colocadas:

* Como podemos avaliar a competitividade industrial na era pós-moderna, seus males e benefícios?
* Quais as similaridades ou divergências entre as conseqüências do desemprego na Europa e no Brasil?
* Como uma crise econômica pode se transformar em oportunidade de emprego para alguns e numa ameaça para outros?
* A capacitação e o talento garantem efetivamente a empregabilidade?

6. Referências

DUARTE, G. D.; DIAS, J. M. *Responsabilidade Social*: A Empresa Hoje. Rio de Janeiro: LTC,1986.

GUSMÃO, M. B. O feitiço da Varig. *Revista Você S. A.*, São Paulo: setembro 2003. p. 54-58. Disponível em <http://vocesa.abril.com.br/>. Acesso em: 18 de Jan. 2009.

OLIVEIRA, M. A. (coord). Vencendo a crise a moda brasileira: 'turnaround' em empresas nacionais. São Paulo: Nobel, 1994.

OLIVEIRA, E. S. *Gestão de talentos. Cadernos FAPA* - n. 1 – 1º sem. 2005. Disponível em: <http://www4.fapa.com.br/>. Acessado em: 15 de novembro de 2008.

ROBERTO J. A.; SERRANO REY, A. Desempenho empresarial, stakeholders e controlo estratégico, um estudo de caso. *Conocimiento, innovación y empreendedores: camino al futuro*. Universidad de la Rioja, p. 2480-2495, 2007

SCHUMPETER, J. A. *Teoria do desenvolvimento econômico.* São Paulo, Nova Cultura LTDA, 1997.

SENNETT, R. *A cultura do novo capitalismo*. Rio de Janeiro: Editora Record, 2006

Capítulo 10 – The Corporation

Rosivaldo de Lima Lucena
Marcos Macri Olivera

1. Introdução

Este documentário traz à baila uma discussão sobre o papel das grandes corporações no atual contexto de intensificação da globalização das atividades econômicas, sociais, políticas, tecnológicas e culturais.

A partir do depoimento de uma série de ícones de movimentos sociais, de ativistas políticos de esquerda, de defensores do meio ambiente, dentre outros, são apresentadas opiniões – nem sempre fundamentadas em dados reais e fatos efetivamente apurados – sobre os impactos das grandes corporações sobre o cotidiano dos cidadãos de todo o mundo.

Este capítulo analisa este tema e preserva a estrutura já apresentada nos capítulos anteriores: discussão teórica; conteúdo do filme – o roteiro e a síntese da obra e sua ficha técnica; conteúdo no filme – descrição de cenas dando ênfase às temáticas da área de Administração; nota de aula – direcionamentos de como o filme pode ser abordado em sala de aula; e as referências – textos utilizados para fundamentar este capítulo.

2. Discussão Teórica

Conforme se verá adiante, o filme retratado neste capítulo ambienta seus argumentos em um complexo emaranhado de observações críticas sobre o capitalismo e os efeitos promovidos por seu principal elemento: as corporações. Dessa forma, é cabível tecer considerações a respeito desse tema, elucidando concepções que, direta ou indiretamente, são abordadas no documentário.

Inicialmente, toma-se como concreta a percepção de que discorrer sobre o capitalismo trata-se de uma tarefa complexa e desafiadora. É coerente o entendimento de que, apesar do capitalismo ter obtido um reconhecimento sólido, não existem garantias de que aqueles que alegam estudá-lo estejam falando da mesma coisa (DOBB, 1987) – o que justifica a dificuldade em unificar propostas conceituais. Uma explicação pode decorrer do fato de que ao se falar em capitalismo abre-se uma discussão sobre a configuração de um sistema econômico, político e social cuja extensão permeia praticamente todas as formas de atuação da sociedade moderna e, em última análise, de seus atores mais representativos: os indivíduos. Essa percepção deixa clara a amplitude do assunto e suas implicações.

De forma breve, pode-se entender que o capitalismo se caracteriza pela existência da propriedade privada dos meios de produção, no qual se utiliza trabalho assalariado e intensivo controle de capital, configurando um sistema de empresa individual sem obstáculos, no qual as relações econômicas e sociais são governadas por contrato e que os homens são agentes livres na busca de sua subsistência (DOBB, 1987; BASTOS, 1996). Percebe-se, a partir daí, que esse sistema encontra-se alicerçado na possibilidade de acúmulo de capital e da utilização de recursos excedentes, de forma planejada e organizada, para a obtenção de retorno monetário, o lucro.

Evidentemente que esse lucro não é comum nem distribuído igualitariamente a todos os indivíduos do sistema, pois os detentores dos recursos acumulados é que têm direito à posse do lucro, direito este legitimado pela lógica do próprio sistema. Nesse contexto, os que não detêm os meios de produção nem os recursos acumulados passam a comercializar sua força de trabalho, esta necessária ao funcionamento das corporações capitalistas. É nesse ponto que se localiza outra característica marcante do sistema capitalista: cada indivíduo, mesmo aquele que não detém os meios de produção ou os recursos acumulados, pode escolher, de forma livre, de que maneira buscará garantir sua sobrevivência ou acumular recursos excedentes. Em algum momento, essa garantia de liberdade de escolha regula as relações entre os detentores dos recursos e os indivíduos que compõem a força de trabalho.

Por outro lado, essa dinâmica entre os agentes do capitalismo frequentemente é apontada como a razão principal de recorrentes disputas. Nesse sentido, o capitalismo desponta como um sistema cujas bases são os conflitos, e em que o conflito entre classes assume importância primordial no funcionamento e evolução do próprio sistema capitalista (BASTOS, 1996). É cabível interpretar que, ao passo que um grupo busca garantir a maximização dos lucros, outro procura vender com maior rentabilidade seu trabalho, o que promove ambições incompatíveis, forçando o próprio sistema a encontrar soluções que garantam a coexistência dos grupos e sua sustentabilidade.

Posto isso, parece claro que, sem uma ampla reflexão, deduzir as motivações e o papel de cada classe pode resultar em uma errônea simplificação da realidade. Porém, estudiosos renomados, como Friedman (1985), têm se proposto a debater, à luz da trajetória capitalista consolidada, os mais diversos aspectos e funcionalidades do sistema. Talvez um dos debates mais acalorados sobre o papel do capitalismo resida na constatação exata de sua relação com a liberdade. Nesse ponto, parece concreto que o papel do capitalismo competitivo – entendido como a organização da maior parte da atividade econômica por meio da empresa privada operando em um mercado livre – seja o de colaborar com um sistema de liberdade econômica como condição necessária à liberdade política, visto que essa colaboração gera limitação e descentralização do poder do governo, fator que, confirma a história, é um passo primordial para a manutenção da liberdade (FRIEDMAN, 1985).

Por se tratar de proposições bastante tradicionais sobre o tema, todas as colocações abordadas sobre o capitalismo têm se defrontado, principalmente a partir do início dos anos 80, com uma nova dinâmica de relações internacionais que terminam por modificar o funcionamento dos sistemas capitalistas nacionais: a globalização. Para um melhor entendimento desse fenômeno e de seu impacto no sistema capitalista e nas corporações, faz-se adequado tecer comentários sobre a trajetória recente do capitalismo em nível mundial.

Apesar de parecer coerente citar a inadequação de traçar linhas divisórias claras na história a respeito da utilização de sistemas econômicos – visto, por exemplo, a reconhecida utilização de características do sistema capitalista em diferentes momentos e civilizações da história da humanidade (DOBB, 1987) – aceita-se como claro que o surgimento do capitalismo esteve intimamente vinculado ao processo de dissolução do modo feudal de produção, na Inglaterra e em outros países da Europa Ocidental.

A partir daí, o sistema capitalista evoluiu adaptando-se aos diversos processos de modernização da tecnologia e dos recursos produtivos que se deram em seguida. Em nossa história recente, podemos afirmar que, no período pós Segunda Guerra Mundial, a reconstrução e o momento de prosperidade que se instalou, a descolonização e internacionalização do capital e as novas industrializações do terceiro mundo marcaram um novo surto de capitalismo em escala mundial – processo que resultou, já em meados dos anos 80, no encerramento de um período em que o âmbito nacional era adequado e suficiente para analisar a conjuntura e definir uma política econômica (BEAUD, 2004). Observou-se, naquele momento, a ocorrência de um processo de integração das mais diversas dimensões (econômica, social, cultural, política, entre outras) que resultou em uma condição de interdependência econômica mundial, fruto das mudanças nas economias nacionais, antes fechadas e protegidas, que abriram suas fronteiras de produção e comercialização, ou seja, o fenômeno da globalização.

Esse novo contexto globalizado permitiu que o sistema capitalista avançasse além de todas as fronteiras e permitiu que seus elementos mais característicos, as corporações, alcançassem dimensões, estrutura e poder nunca antes vistos. As corporações representam as premissas básicas do sistema capitalista, visto que são responsáveis pela organização dos meios de produtivos, produção e comercialização em larga escala e acúmulo de riquezas que movem o capitalismo, principalmente as de grande porte. Prova desse destaque, em um ambiente de capitalismo globalizado, é a enorme literatura que se desenvolve sobre as firmas multinacionais (ou transnacionais) e a multinacionalização; sobre a economia mundial, o capitalismo mundial, a economia-mundo; e sobre a dependência, a coação externa e a desconexão (BEAUD, 2004).

Dessa forma, pode-se constatar que as corporações de grande porte desempenham um papel de dimensão gigantesca no sistema capitalista, cujas consequências de suas políticas e ações se estendem a todos os níveis da sociedade e do planeta como um todo. Os efeitos do posicionamento prático das organizações empresariais solicitam constatações e medições objetivas que possam subsidiar estudos e debates interessantes como o proposto pelo documentário aqui tratado.

3. *The Corporation*: uma Crítica às Corporações

The Corporation é um documentário baseado no *best-seller The Corporation – The Pathological Pursuit of Profit and Power*, de autoria de Joel Bakan – um dos responsáveis pelo roteiro escrito a seis mãos com Mark Achbar e Jennifer Abbott.

Comum ao gênero, tratado como cinema-verdade, o documentário sintetiza uma variedade de opiniões e perspectivas, obtidas via entrevistas realizadas com executivos, críticos, historiadores e ativistas. Lançado em 2004, propõe-se a descrever a atuação e o poder de grandes corporações no mundo contemporâneo, destacando ícones como Nike, Shell e IBM e apresentando uma abordagem crítica sobre os seus efeitos na sociedade.

Elogiado pela crítica, *The Corporation* foi vencedor de 24 prêmios internacionais, incluindo o prêmio de melhor documentário (prêmio do público) oferecido pelo Festival de Cinema de Sundance. Adotando uma narrativa ágil e que se propõe a divertir em vários momentos, o documentário chega a comparar as corporações com instituições que se destacaram ao longo da história recente da humanidade, como a Igreja ou a Monarquia.

Adotando desde seu início o argumento de que as grandes corporações, em sua expressiva maioria, orientam suas ações de forma que nem sempre são considerados os danos causados à sociedade em geral, *The Corporation* intercala uma série de vídeos institucionais, anúncios e propagandas, imagens documentais e cenas de filmes com as entrevistas, claramente objetivando dar ressonância à sua bem engendrada proposição.

Aproveitando-se de declarações impactantes e que se alinham com o argumento central do filme, os realizadores em momento algum manifestam interesse de verificar a veracidade de informações ou questionar seu mérito, permitindo que transpareçam suas inclinações a respeito do assunto e agregando um tom de ficcionalismo à obra.

Por outro lado, o documentário procura repercutir uma condição pouco crível que as corporações americanas mantêm: em decorrência de uma jurisprudência estabelecida em 1886, na qual deu-se a uma corporação ré o direito de gozar das premissas da 14ª Emenda da Constituição dos Estados Unidos, estas recebem tratamento idêntico aos indivíduos americanos, por parte da justiça daquele país. Partindo desse ponto, *The Corporation* se dedica a supor que características as corporações teriam caso fossem realmente indivíduos. Centrados nessa premissa de trabalho, os realizadores chegam a delinear os traços do comportamento dessas supostas corporações-indivíduos, cuja obsessão pelo alcance de seus objetivos pessoais torna justificável causar danos a terceiros, tangenciando um perfil de natureza psicopata.

Evidentemente que essa 'personalidade' promove ações cuja incidência nas relações de trabalho resulta em um conflito entre os indivíduos e a corporação. A partir daí, temas recorrentes como a desumanização do processo produtivo, aproximação do homem à condição de máquina, incompatibilidade entre os anseios organizacionais e os individuais, entre outros, são explorados pelo documentário de forma a ilustrar seu ponto de vista. Nesse ponto, expõe-se a forma como algumas corporações extraem resultados de seus colaboradores, pondo em debate pertinente a exequibilidade das práticas ensinadas nos cursos de gestão, promovendo-se, até certo ponto, um interessante debate sobre o relacionamento dessas organizações com o indivíduo nas esferas social, cultural e política.

4. Argumentação do Documentário

The Corporation tem uma estrutura narrativa pautada por temas dentro do tema, quase como capítulos de um livro. Dessa forma, o filme aborda uma série de pontos de vista a respeito do efeito da participação das corporações em diversas esferas. Assim, vemos argumentos contra a atuação dessas organizações na sociedade, na política e no meio ambiente. Para isso, entrevistas lançam dados, informações e interpretações que são ilustrados das mais diversas maneiras, recurso que força os realizadores a utilizarem montagens, peças de publicidade antigas, animações, reportagens, apresentação de documentos e vários outros. Uma narração feminina funciona como fio condutor do documentário, estabelecendo conexões entre os subtemas e ajudando o espectador a compreender a interpretação do filme sobre o que se apresenta.

A primeira locução do filme coloca que, há 150 anos, a grande corporação era uma instituição insignificante. Todavia, hoje está onipresente e que, como a Igreja, a monarquia e o partido comunista antigamente, a corporação exerce um amplo domínio de diversas naturezas. A partir daí, o documentário se concentra em ilustrar essa evolução de poder e levanta uma questão que será habilmente trabalhada nas quase duas horas e meia de filme: sob um rígido controle legal no início, o que permitiu à corporação atual tanto poder sobre nós? Inicialmente, são apresentados exemplos de como funcionava esse controle em outras épocas, ação que impacta o espectador menos conhecedor da evolução do mundo corporativo e de sua relação com o Estado. Em outros momentos, o filme se dedica a indicar o retorno de um controle mais rígido sobre as corporações como forma de minimizar os efeitos danosos de sua atuação.

Em continuação, sugere-se que a flexibilização de controle terminou por promover a possibilidade de grandes corporações atuarem de forma inescrupulosa. É nesse momento que se apresenta o ex-presidente dos EUA, George W. Bush, na recente crise de confiabilidade pela qual passaram grandes corporações (ênfase no caso da Enron), afirmando que se trata apenas de um caso de maçãs podres – argumento esse repetido por vários retratados, o que sugere um certo alinhamento de discurso. Pela primeira vez, coloca-se lado a lado governo e corporações, com o documentário enfatizando uma relação de ajuda e cordialidade entre as partes – uma ação que sofre uma pausa na narração para ser retomada posteriormente.

Esse é o gancho necessário para que o documentário comece apresentar uma série de argumentos e questionamentos que funcionam como abertura do desenvolvimento do filme:

- As corporações são um paradoxo: criam riquezas por um lado, mas por outro provocam diversos males.
- As corporações deveriam ser apenas um dos componentes da sociedade e não o 'único elemento da paisagem'.
- As corporações se comportam como monstros insaciáveis pelo lucro (nesse momento faz-se alusão ao Frankenstein que mata seu criador).

Tais afirmações motivaram os realizadores a analisar de que forma as corporações se tornaram o que são para poder, então, apresentar o que elas provocam, como numa tentativa de entender a natureza que incita o comportamento. Esse trecho do documentário se inicia argumentando que eventos como a Guerra Civil americana e a Revolução Industrial impulsionaram o crescimento das corporações. Todavia, tal crescimento ainda parecia limitado pela regulamentação de atuação dessas organizações. Esse cenário é modificado quando, em 1886, uma decisão judicial da Suprema Corte norte-americana permite que se utilize a 14ª Emenda da Constituição daquele país para tratar de questões corporativas. Essa medida, na prática, permitiu às corporações que fossem tratadas e julgadas como indivíduos, ampliando seu poder de atuação. Aceitando essa abordagem, o documentário sugere analisar o comportamento das corporações supondo que estas, de fato, sejam indivíduos.

Se propondo a traçar um perfil psicológico desse indivíduo-corporação, o documentário passa a defender que estas são pessoas sem consciência moral, cujas únicas preocupações legítimas são com o lucro e com o acionista. Partindo dessa premissa, o filme começa a apontar indícios do comportamento das corporações que atestam, como se afirmará posteriormente, sua personalidade psicótica, como, por exemplo, corte de empregos, destruição dos sindicatos, incêndios nas fábricas, disparidade entre o preço dos produtos e o que se paga pela mão-de-obra, aproveitamento da condição menos favorecida das populações de países pobres, descaso pelo sentimento alheio, incapacidade de manter relacionamentos duradouros, causadoras de males à saúde (através de produtos perigosos, produtos químicos sintéticos, poluição, entre outros), causadoras de males aos animais, mentiras e trapaças para obter lucros, causadoras de males à biosfera (devastação florestal, emissão de CO_2, lixo nuclear, etc.) e uma quantidade de outros argumentos para sustentar a proposição.

Segundo o documentário, torna-se uma dedução lógica que, enquanto indivíduos, as corporações são psicopatas prototípicos. Essa percepção conecta o filme com a questão que passa a ser trabalhada em seguida: se as corporações têm um comportamento imoral, quem é o responsável moral por suas atitudes? Como ponto de partida, o filme apresenta a opinião de Milton Friedman. Este afirma que a responsabilidade sobre esse comportamento não deve se tornar um elemento impessoal, associado a prédios ou marcas, ou seja, os membros, acionistas, executivos e funcionários é que têm essa responsabilidade moral sobre as atitudes das corporações. Tomando isso como concreto, o documentário sugere a separação entre o papel institucional e o social dos executivos: como indivíduos sociais podem ser pessoas comprometidas, de bons valores e essencialmente boas, todavia, como agentes institucionais, podem praticar atitudes com efeitos monstruosos, considerando legítima a criação de tecnologias exterminadoras em prol do alcance dos resultados desejados.

Entra em cena, nesse ponto do documentário, a contradição latente entre benefícios empresariais e o contexto nos quais tais benefícios foram obtidos: ameaças à sustentabilidade, crises, guerras, eventos terroristas, tudo, em dado momento, favorece algum investidor ou alguma corporação ('bênção disfarçada!', diz um entrevistado sobre o atentado terrorista de 11 de Setembro). Esse ar de vibração com ganhos decorrentes de fatalidades é habilmente exposto pelos idealizadores, corroborando com o argumento da 'transformação' sofrida pelos indivíduos sociais ao assumirem o papel institucional.

Dando continuidade, o documentário entra em outro 'capítulo', iniciando uma abordagem em direção a outros temas de interesse. Dois aspectos ganham destaque: (a) a privatização, associada ao conceito de propriedade e (b) a publicidade voltada para crianças. São apresentadas informações contundentes como, por exemplo, a onda de concessão de patentes a 'criações' de organismos vivos, através da manipulação genética – momento no qual o filme sugere a posse de doenças (por mais estranho que possa parecer) ou cura destas por parte das corporações – ou a consciência clara, por parte de uma representante do mercado publicitário, de que se realiza manipulação de crianças através da propaganda para que estas incitem os pais a comprar. Fica evidente, nesse trecho, o questionamento ético que se apresenta ao serem analisadas atitudes consideradas como adequadas ou 'parte do jogo' por parte das corporações citadas.

Entrando em seu ato final, *The Corporation* se dedica a explorar a relação das corporações com a comunidade, governos e, até mesmo, com a imprensa.

Em relação à comunidade, o documentário questiona a validade de ações supostamente sociais (determinada empresa apresenta com orgulho como ajudou uma comunidade a diminuir o índice de violência no metrô local) se essas mesmas corporações influenciam a formação de políticas públicas ou outras ações governamentais que prejudicam a mesma comunidade em uma escala muito maior, anulando a participação social dessa empresa. Residem questões complexas e de amplo debate nesse ponto. Dentre as quais, pergunta-se: 'as corporações querem ser socialmente responsáveis ou querem parecer que o são?'. Em outra adequada participação, Friedman opina que a definição do que é responsabilidade social não deve ser uma decisão da corporação, gancho para que o documentário indique a necessidade de uma participação ativa dos governos não somente nessa definição, mas também na regulamentação das atividades corporativas.

Quanto ao relacionamento das corporações com a imprensa, o filme questiona a possibilidade de existir um jornalismo factualmente imparcial. O argumento para isso consiste em esclarecer que grandes corporações também são grandes anunciantes nas redes de comunicação que mantêm as atividades jornalísticas, o que cria uma situação de contínuo questionamento de credibilidade. Para afirmar seu ponto de vista, os realizadores relatam um caso em que uma dupla de jornalistas não consegue lançar ao ar uma matéria investigativa sobre os perigos do consumo do leite nos EUA, devido à pressão exercida pela empresa fabricante do leite. Nesse aspecto, cabe lembrar que a imprensa e sua liberdade de atuação são consideradas, universalmente, requisitos fundamentais para o desenvolvimento de regimes democráticos.

Por fim, se destaca o relacionamento, de caráter ético duvidoso, entre corporações e Estados. São apresentadas informações relacionando grandes e conhecidas corporações com governos totalitários (um trecho destaca os 'serviços' prestados pela IBM, ao governo alemão, no controle dos prisioneiros de campos de extermínio), terroristas e 'inimigos' norte-americanos - adicionando novos elementos para uma discussão ética que se encontra subentendida em todo o documentário: são justificáveis atitudes empresariais que provoquem resultados corporativos compensadores, mas que provoquem, direta ou indiretamente, prejuízos à comunidade? E mais, as corporações têm esse direito, caso entendam que é justificável?

Encerrando seu complexo arco de exposições, o documentário se dedica ao seu argumento final: citando visualmente Ghandi e Nelson Mandela, se sugere explicitamente que o poder de mudança do quadro exposto se encontra nas mãos da própria sociedade, do povo – ponto de vista reforçado pela apresentação de um episódio na Bolívia, no qual a sociedade se revoltou contra a privatização da distribuição de água – acentuando que atividades populares organizadas têm obtido resultados concretos na tentativa de estabelecer uma mudança de cenário.

Conforme visto, *The Corporation* é um documentário que trata de uma série de questões atuais e que devem ser discutidas abertamente. Os interesses acerca de tais questionamentos não tangenciam unicamente o universo empresarial, mas é de caráter público a necessidade de refletir sobre o cenário presente descrito, visto que os aspectos abordados encontram-se no cerne das corporações com as quais convivemos e no âmago do sistema capitalista – essa é, sem dúvida, a grande contribuição do documentário.

Por outro lado, se no documentário existe uma intensidade significativa na intenção de apontar os problemas relacionados à atuação das corporações, não se percebe o mesmo quanto à proposição de soluções, visto que o filme praticamente se exime dessa responsabilidade, conquanto que uma postura inversa agregaria profundo valor ao projeto. A questão que parece ter sido, propositalmente, deixada no ar é 'essas soluções existem?'. Aparentemente sim, visto que os próprios realizadores participam do complexo cenário que criticam (algo que o documentarista Michael Moore deixa claro em sua última participação) – fato que se evidencia ao constatar qual é a instituição responsável pela produção do documentário: *Big Picture Media Corporation.*

5. Nota de Aula

Neste item apresentamos o conteúdo de uma nota de aula, que poderá contribuir para a exploração do filme em usos educacionais.

5.1. Argumento do Filme

Por um lado, o documentário *The Corporation*, conforme já exposto, apresenta, sob a ótica dos depoentes, os impactos das grandes corporações sobre as esferas econômica, social, política, moral, tecnológica, ética e ambiental em diferentes países dos cinco continentes.

Por outro lado, se no documentário existe uma crítica significativa na direção de apontar os problemas relacionados à atuação das corporações, não se percebe o mesmo quanto à proposição de soluções, visto que o filme praticamente se exime dessa responsabilidade, conquanto que uma postura inversa agregaria profundo valor ao projeto.

5.2. Utilização Recomendada

O filme pode ser usado como recurso pedagógico no nível acadêmico, em cursos de graduação ou pós-graduação, em disciplinas como: filosofia, sociologia, ética nas organizações, teorias da administração, marketing social, direito, dentre outras. Os objetivos educacionais podem ser:

- Apontar e debater as consequências das ações das grandes corporações no Brasil e no mundo;
- Discutir o *lobby* empreendido pelas grandes corporações sobre as ações governamentais nos diversos países em que elas atuam;
- Debater medidas que possam atenuar os efeitos provocados pelas grandes corporações sobre o meio ambiente;
- Ilustrar os conflitos éticos e constitucionais presentes na relação entre as grandes corporações e os diferentes níveis de governo, quer no Brasil, quer no exterior.

5.3. Indicações para o Registro de Anotações

Como forma de facilitar o debate após a exibição do filme, é recomendável que sejam anotados detalhes sobre os seguintes aspectos:

- Os principais argumentos relacionados às ações das grandes corporações nos diferentes países;
- Os conflitos de interesse entre as corporações *versus* os atores sociais presentes nas diversas cenas do documentário;
- Os elementos éticos que influenciam nas ações diárias das grandes corporações;

- As críticas às relações de poder identificadas no documentário.

5.4. Pontos Relevantes

Alguns aspectos que podem, adicionalmente, servir de tópicos de debate na discussão do conteúdo, após a exibição do filme, estão anotados a seguir.
- De fato, são as grandes corporações responsáveis por 'todos os males' da humanidade, como procura fazer crer o documentário?;
- Não haveria uma estreita sintonia entre o conteúdo da propaganda eleitoral do partido brasileiro PSTU (Partido Socialista dos Trabalhadores Unificados) e o conteúdo do documentário aqui em apreço? (PSTU, 2009);
- Será que o Capitalismo é um sistema social, político e econômico desprovido de virtude(s)?

5.5. Questões para Trabalho de Grupo

A seguir sugerimos algumas questões que podem servir de base para debates em pequenos grupos. A disposição de tempo pode determinar quantas e quais podem ser usadas em cada situação.
- Qual o *locus* de atuação das grandes corporações no Brasil e no mundo?;
- Em que momento histórico as grandes corporações começaram a ser expandir por todo o mundo? Qual o significado dessa expansão?;
- Como as indicações de problemas éticos presentes no documentário podem ser visualizadas em nosso quotidiano?;
- Em termos de práticas e teorias, como o documentário pode contribuir para o entendimento da Administração, em sua forma mais ampla?

5.6. Método Recomendado

As atividades relacionadas ao documentário devem transcorrer em 4 horas-aula (200 minutos). Recomendam-se duas possibilidades:

Atividade	Tempo (min)
ALTERNATIVA 1	
1. Debate preliminar sobre os impactos das grandes corporações na sociedade.	30
2. Solicitar que o filme seja visto em casa, ou expor em sala de aula.	100
3. Direcionar a formação dos grupos e apresentar as questões de	50

debate.	
4. Margem de segurança de tempo.	20
ALTERNATIVA 2	
1 Debate preliminar sobre os impactos das ações das grandes corporações na sociedade.	25
2. Expor em sala de aula uma parte do documentário.	50
3. Fazer um resumo oral do documentário.	15
4. Conduzir o debate a partir dos pontos relevantes.	45
5. Direcionar a formação dos grupos e apresentar as questões para debate.	45
6. Margem de segurança de tempo	20

6. Referências

BASTOS, Vânia Lamônaco. **Para entender a economia capitalista:** noções introdutórias. 3. ed. Rio de Janeiro: Forense Universitária, 1996.

BEAUD, Michael. **História do capitalismo:** de 1500 até nossos dias. São Paulo: Brasiliense, 2004.

DOBB, Maurice. **A evolução do capitalismo.** 9. ed. Rio de Janeiro: LTC, 1987.

FRIEDMAN, Milton. **Capitalismo e liberdade.** 2. ed. São Paulo: Nova Cultural, 1985.

GAVA, Rodrigo; XAVIER, Wescley Silva. Entre o ensino e o debate: o uso do documentário The Corporation como recurso didático na formação de administradores brasileiros. Recife, Revista Gestão.Org, Número Especial I ENEPQ, p. 70-79, nov. 2008.

PARTIDO SOCIALISTA DOS TRABALHADORES UNIFICADOS – PSTU. Princípios. Disponível em:
http://www.pstu.org.br/partido_principios.asp . Acesso em: 24 jun. 2009.

www.ingramcontent.com/pod-product-compliance
Lightning Source LLC
Chambersburg PA
CBHW021436210526
45463CB00002B/529